Walny Vianna

VOLUME 5

DIREITOS HUMANOS E CIDADANIA

ENSINO FUNDAMENTAL

1ª edição
2011

Direitos Humanos e Cidadania.
© Walny Vianna, 2011.
É proibida a reprodução, mesmo parcial por qualquer processo eletrônico, reprográfico etc., sem autorização, por escrito, do autor e da editora.

Dados para Catalogação
Bibliotecária responsável: Luciane Magalhães Melo Novinski
CRB 1253/9 – Curitiba, PR.

Vianna, Walny.

    Direitos humanos e cidadania : 5º ano, ensino fundamental / Walny Vianna ; ilustrações Cide Gomes. — Curitiba : Base Editorial, 2011.
    128 p. : il. ; 28 cm. – (Coleção dhc ; v. 5)

    ISBN: 978-85-7905-495-2

    1. Direitos humanos e cidadania (Ensino fundamental) – Estudo e ensino. I. Título. II. Série.

CDD (22ª ed.) 304.2

Direção geral
Base Editorial
Supervisão editorial
Marcos V. Lobo Leomil
Coordenação pedagógica
Grenilza M. Lis Zabot
Revisão
Maria Helena Ribas Benedet
Apoio Técnico
Mirian Nazareth Fonseca
Valquiria Salviato Guariente
Iconografia
Suelen M. Fortunato
Projeto gráfico e ilustrações
Cide Gomes

 **Base Editorial Ltda.**
Rua Antônio Martin de Araújo, 343 | Jardim Botânico
CEP 80210-050 | Curitiba/PR
Tel.: 41 3264-4114 | Fax: 41 3264-8471
baseeditora@baseeditora.com.br | www.baseeditora.com.br

CTP, Impressão e Acabamento IBEP Gráfica
41889

APRESENTAÇÃO

Professor

Qualidade de vida, saúde, segurança, valores humanos, diversidade cultural são alguns dos temas abordados nesta coleção. Pretende-se, com ela, contribuir para o desenvolvimento, nos alunos, de atitudes favoráveis ao convívio social, à solidariedade, ao respeito à diferença, à preservação do meio ambiente...

Voltada para alunos do 1º ao 5º ano do Ensino Fundamental, incentiva a reflexão, o pensamento crítico e a análise de situações do cotidiano.

Esperamos, com ela, colaborar com seu trabalho de formação de pessoas.

A Autora.

ÍCONES

O CONTEÚDO DE CADA PÁGINA É IDENTIFICADO PELO ÍCONE COLORIDO INSERIDO NO RODAPÉ.

 ÉTICA E CIDADANIA

 DIVERSIDADE RACIAL

 EDUCAÇÃO AMBIENTAL

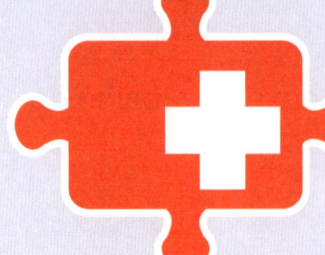 SAÚDE E PREVENÇÃO

 TRÂNSITO E SEGURANÇA

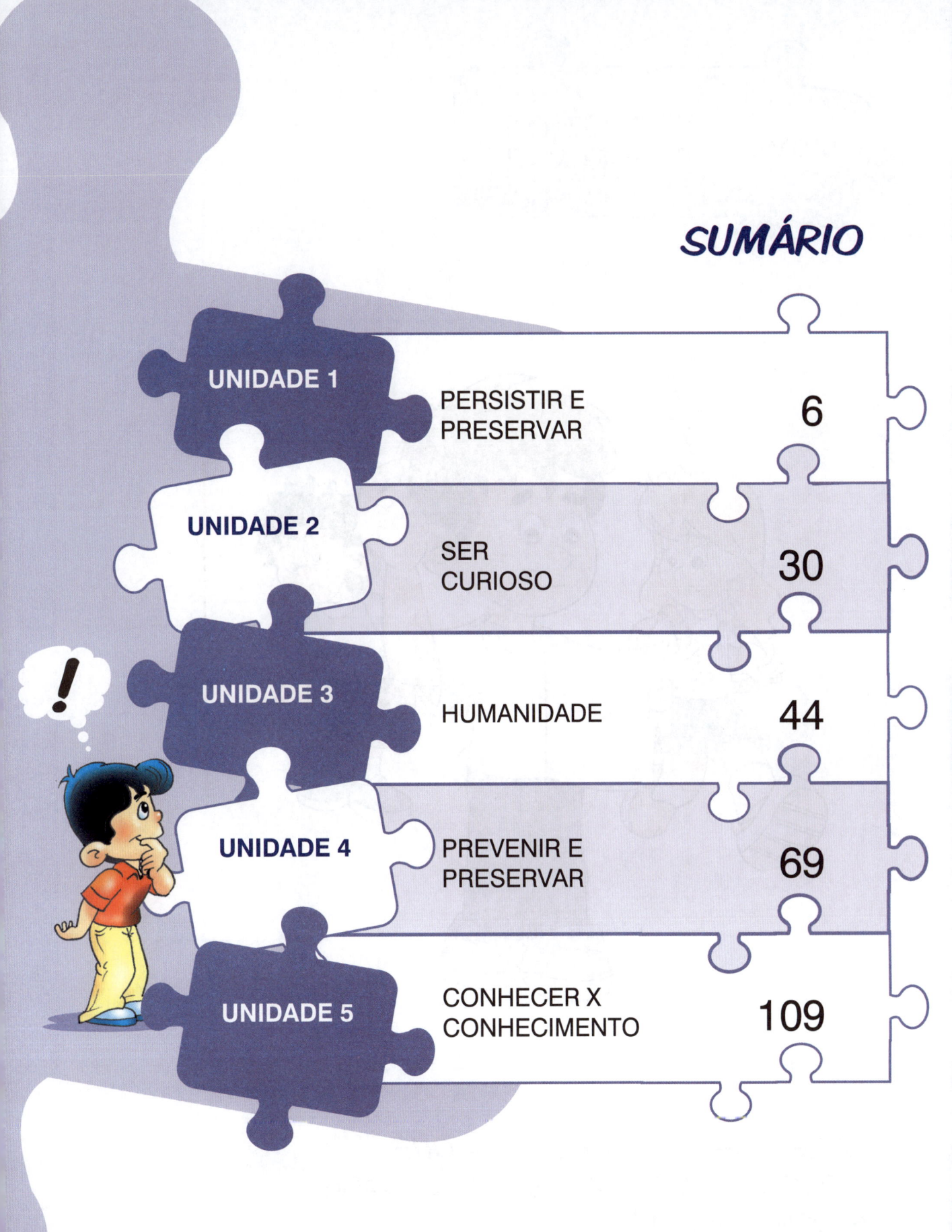

SUMÁRIO

UNIDADE 1	PERSISTIR E PRESERVAR	6
UNIDADE 2	SER CURIOSO	30
UNIDADE 3	HUMANIDADE	44
UNIDADE 4	PREVENIR E PRESERVAR	69
UNIDADE 5	CONHECER X CONHECIMENTO	109

As grandes figuras do pensamento, da ciência, das artes, da técnica, dos esportes foram perseverantes em seus projetos e realizações; foram persistentes.

A prática de atividades físicas tem sido altamente valorizada nos dias atuais, tendo em vista os diversos fatores que abalam a qualidade da vida humana. Portanto, se quisermos ter boa saúde e melhorar nosso desempenho físico, devemos ser persistentes e praticar exercícios físicos diariamente.

O estresse das grandes cidades, as questões ligadas ao sedentarismo, a má alimentação, entre tantos outros fatores, são elementos significativos que impulsionam as pessoas a procurar válvulas de escape para minimizar esses efeitos negativos para a qualidade da existência.

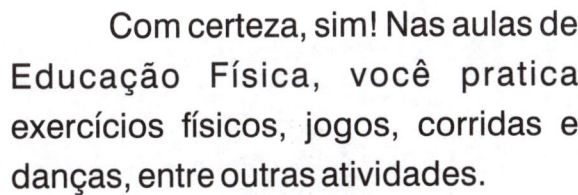

Você pratica alguma atividade física?

Com certeza, sim! Nas aulas de Educação Física, você pratica exercícios físicos, jogos, corridas e danças, entre outras atividades.

Porém, com o passar do tempo, as pessoas começam a se envolver demasiadamente no trabalho e, muitas vezes, deixam de praticar exercícios, o que pode acarretar sérios problemas para a sua saúde.

O atleta, o ginasta, o nadador, o patinador ou qualquer outro desportista terá capacidade de superar os recordes estabelecidos e inventar novos estilos depois de muito treinamento e persistência. Esses atletas podem nos servir de exemplo!

**O ciclismo é um bom começo!
Você gosta de andar de bicicleta?**

Pedalar é um exercício tão completo que não deveria deixar de ser praticado. Seja para passear, se exercitar ou se locomover, andar de bicicleta pode ser uma forma muito agradável de prevenir problemas de saúde, manter o bem-estar e a qualidade de vida, além de ser uma boa saída para diminuirmos os problemas de poluição ambiental.

PENSE NISSO

Para ir para a escola, trabalhar, fazer compras, que tal trocar o automóvel — que queima combustível — por uma bicicleta que, além de ser prazerosa para o corpo e para a mente, é um excelente exercício aeróbico, ideal para quem quer queimar calorias?

Você sabia que uma hora de pedalada, em uma intensidade moderada, queima, em média, 350 calorias?

Atualmente, a maioria das cidades possui **ciclovias** e parques com pistas próprias para a prática desse esporte.

Mas, ao adotarmos essa prática, devemos atentar para algumas recomendações com relação ao trânsito:

1. Use equipamentos de segurança: capacete; óculos ou viseira; cotoveleiras; joelheiras e roupas apropriadas, claras e coloridas.

2. Equipe sua bicicleta com equipamentos obrigatórios de segurança: espelho; retrovisor esquerdo; campainha; refletores (olhos de gato) dianteiro, traseiro e laterais.

3. Respeite sempre o pedestre, não transite pelas calçadas, dê preferência de passagem a ele, quando tiver atravessando a via, seja na faixa a ele destinada ou não. Lembre-se de que ele é mais frágil!

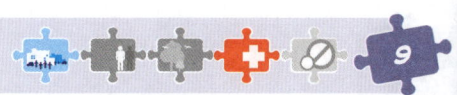

4. Respeite sempre a sinalização (semáforo, faixas de segurança e placas de regulamentação).

5. Circule onde houver ciclovias, em caso contrário, ande sempre pela direita da via, junto ao meio-fio e no mesmo sentido dos veículos.

6. Cuidado nas conversões e cruzamentos, pois são locais onde ocorrem muitos acidentes.

7. Sinalize sempre a intenção de realizar alguma manobra.

8. Evite ruas muito movimentadas (grandes avenidas, rodovias).

9. Cuidado com veículos estacionados, uma porta pode se abrir a qualquer momento!

10. Atenção com saídas de garagem.

11. Mantenha fila única quando estiver em grupo.

12. Faça alongamento antes e depois e não pedale mais do que seu corpo permite. Você é o único que sabe dos limites do seu corpo, por isso respeite-os.

13. Ao percorrer longas distâncias, lembre-se de ingerir líquidos durante o percurso e também de usar protetor solar.

ATIVIDADE

1. Procure o significado da palavra **aeróbico** e registre-o nas linhas abaixo. Pesquise, e registre, também sobre os benefícios que os exercícios aeróbicos oferecem, como nadar, andar, correr, andar de bicicleta, etc.

_____

_____

_____

_____

2. Cole figuras que mostrem pessoas praticando exercícios aeróbicos e escreva o nome da atividade que estão exercendo.

CAMINHAR FAZ BEM!

A caminhada é uma das formas mais populares de atividade física, com praticantes de todas as idades. Caminhar é um exercício natural.

Na idade adulta, acima dos cinquenta anos, caminhar torna-se essencial e sua prática deve se tornar um hábito.

Caminhar é também uma forma de se perder calorias, mas os benefícios desse ótimo exercício vão muito além.

Uma boa caminhada proporciona:

- redução da pressão sanguínea;
- redução do estresse;
- melhor circulação do sangue;
- aumento do tônus muscular;
- melhoria da postura; entre outros.

É bom lembrar que a obesidade e a pressão alta são sintomas que estão relacionados a várias doenças, entre elas: infarto e derrame.

Antes de começar qualquer exercício físico, é primordial que se faça uma consulta ao médico, para que ele avalie se suas condições estão dentro dos limites permitidos.

A pessoa que se propõe a praticar exercícios aeróbicos deve se certificar de que está sem problemas cardíacos e se submeter a testes para determinar seu condicionamento físico.

Para se obterem os benefícios de uma caminhada...
basta andar.

Lembre-se do aquecimento antes e depois do exercício.

Use tênis confortável e roupa apropriada para o exercício.

Caminhar é um exercício que não requer equipamentos ou lugares especiais, é bastante saudável e fácil de se praticar.

E lembre-se: o resultado vem sempre em consequência de sua perseverança!

Saber o que se quer é o primeiro e, talvez, o mais importante passo para desenvolver a persistência. Um motivo forte obriga a pessoa a superar muitas dificuldades.

Vamos conhecer algumas pessoas importantes da história que foram perseverantes e tiveram êxito em suas conquistas:

W. Commons

Epicuro

W. Commons

Aristóteles

Jastrow/W. Commons

Platão

Yair Haklai/W. Commons

Sócrates

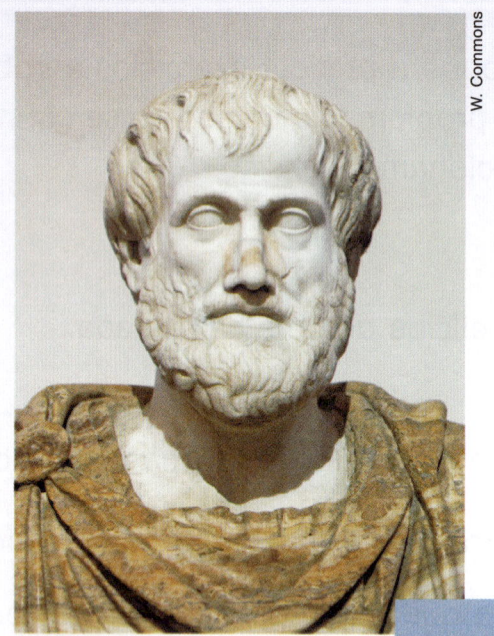

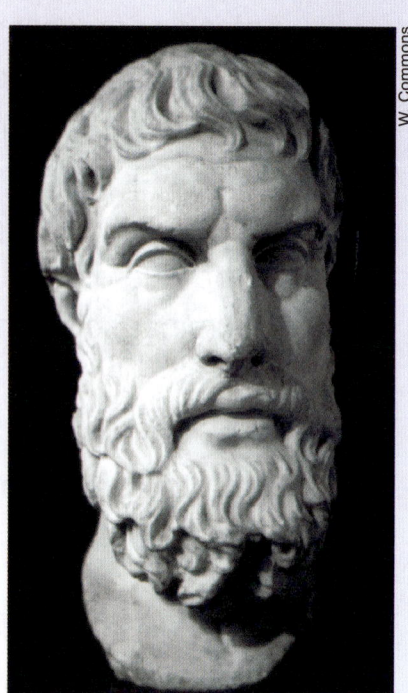

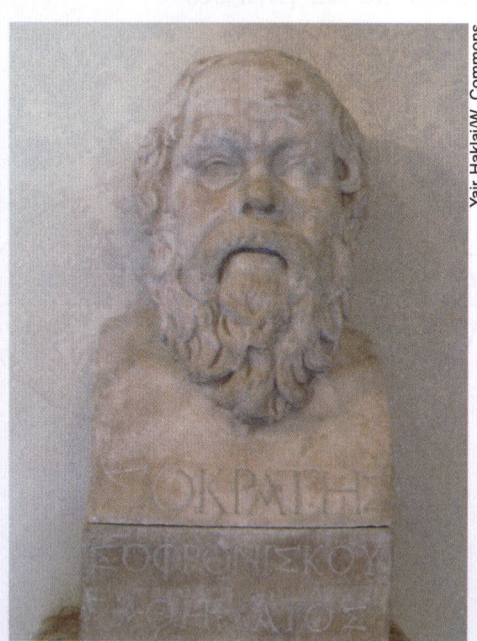

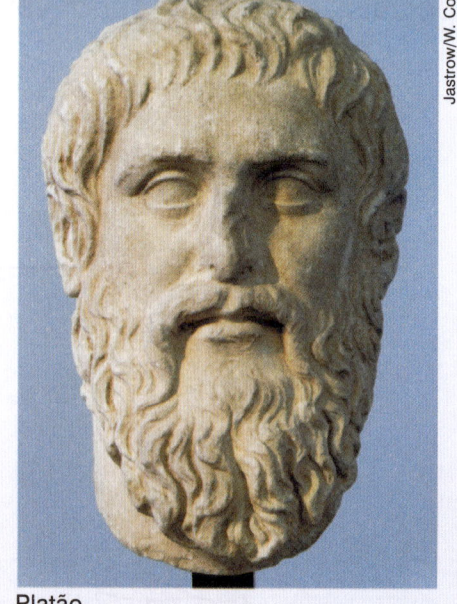

Os filósofos Sócrates, Platão, Aristóteles, Epicuro e outros, com seus pensamentos e suas teorias — até hoje muito importantes — enfrentaram grandes dificuldades, barreiras, perseguições, devido às suas ideias revolucionárias.

É o caso de Sócrates, que foi condenado à morte por aqueles que não concordavam com suas ideias.

Platão, seu discípulo, deixou registrado em textos, sob forma de diálogos, como ele valorizava os sentidos, o belo — entre as maiores virtudes —, o bom e o justo, entre outras ideias importantes.

Se tivesse desistido de lutar por suas ideias, Sócrates poderia ter evitado sua condenação (beber um veneno chamado **cicuta**).

Ele não acatou a sugestão de que poderia escapar da sentença de morte se parasse de fazer perguntas. Pelo contrário, reafirmou que não desobedeceria à ordem do "deus" e que não se calaria na defesa da procura da virtude. Ele dizia que "uma vida sem exame não vale a pena ser vivida".

ATIVIDADE

Observe a imagem a seguir, ela representa a cena do julgamento de Sócrates.
Observe os amigos lamentando sua condenação.

DAVID, Jaques-Louis. **A morte de Sócrates**. 1787. Óleo sobre tela, 130 cm x 196 cm. Museu Metropolitano de Arte, Nova Iorque (Estados Unidos).

Leia o que disse Sócrates:

... "E agora chegou a hora de nos irmos, eu para morrer, vós para viver; quem de nós fica com a melhor parte ninguém sabe, exceto o Deus".

O que essa frase demonstra?

_____
_____
_____
_____
_____

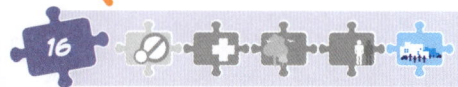

Outro exemplo de persistência nos é trazido pelo grande inventor, filósofo, matemático e astrônomo Galileu Galilei (15 fev. 1564).

SUSTERMANS, Justus. **Retrato de Galileu Galilei**. 1636. Óleo sobre tela. Galleria degli Uffizi, Florença (Itália).

A Terra gira ao redor do Sol e do seu próprio eixo. O movimento da Terra ao redor do Sol denomina-se **translação** e dá origem às estações do ano. O movimento da Terra em torno de seu eixo chama-se **rotação** e dá origem ao dia e à noite.

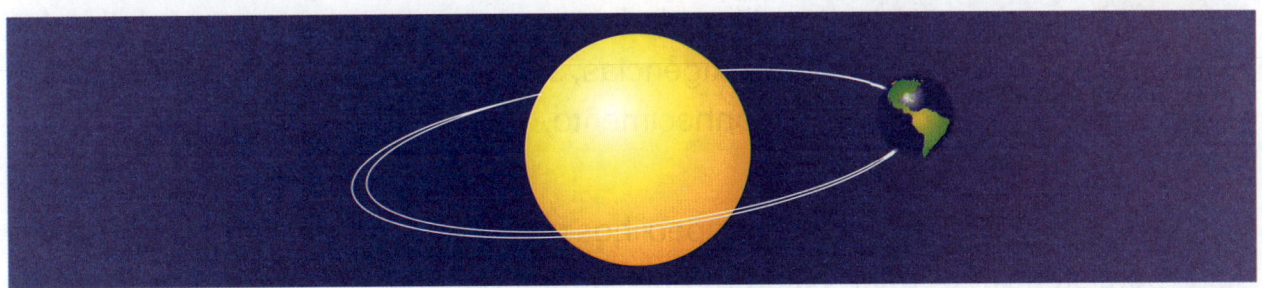

Seu professor, provavelmente, já lhe ensinou isso. E, com certeza, ninguém ficou espantado ou assustado. Nos dias de hoje, todos sabemos que a Terra gira ao redor do Sol.

É... mas nem sempre foi assim.

Há muito tempo, as pessoas acreditavam que o Sol, os planetas e as estrelas giravam ao redor da Terra, que ficava imóvel. Alguns acreditavam que se a Terra girasse, pessoas e animais estariam sempre tontos! Essa era a crença da época, aceita pela Igreja e por seus padres. Mudar essa maneira de pensar era ir contra a própria Igreja e, logo, um grave pecado.

Galileu Galilei, que era astrônomo, sabendo da invenção da luneta pelos holandeses, achou que poderia utilizá-la para melhor observar o Universo. E, observando, descobriu, por exemplo, montanhas, vales e crateras na Lua, e que a Via Láctea era composta por milhões de estrelas.

Foi Galileu Galilei quem descobriu que a Terra girava ao redor do Sol e não o contrário. Como isso contrariava tudo o que se acreditava na época, ele foi perseguido e processado.

ATIVIDADE DE REFLEXÃO

Sabemos que em todo tipo de trabalho há dificuldades e, principalmente, responsabilidades e exigências, sobretudo no que se refere ao nosso conhecimento.

Existem e sempre existirão empecilhos para transpormos, não é mesmo? E é pela persistência e pelo esforço que podemos vencer essas dificuldades. Concordam?

1. O que você faria se descobrisse alguma coisa que fosse totalmente contrária ao que até agora sabia sobre o fato?

___
___
___
___
___
___

Vimos que muitos cientistas, graças a sua persistência e perseverança nas pesquisas e estudos que realizam, recebem prêmios e são dignificados por suas descobertas.

Um dos prêmios mais famosos que a humanidade instituiu foi o Prêmio Nobel, criado por Alfred Nobel, químico e industrial sueco, inventor da dinamite. Esse prêmio é atribuído a pessoas que tenham se destacado pela contribuição que deram à humanidade, nas mais diferentes áreas.

VAMOS PENSAR

Persistir e esperar podem ser sinônimos de sucesso

Muitas pessoas são tachadas de loucas e obstinadas por perseguirem seus ideais. Elas "pagam" o preço e não desistem no primeiro obstáculo que surge. Por terem objetivos bem definidos, vão até o final e concretizam seus projetos. Você conhece alguém assim?

Veja outro exemplo:

Madre Teresa de Calcutá foi uma freira missionária indiana; ela recebeu o prêmio Nobel da Paz pelos serviços prestados à humanidade. Ela dedicou toda a sua vida aos pobres, trabalhando sem descanso para ajudar aos necessitados. Um exemplo, portanto, de persistência e perseverança, não é mesmo?

Gavin Wickham; Eye Ubiquitous/Corbis /Latinstock

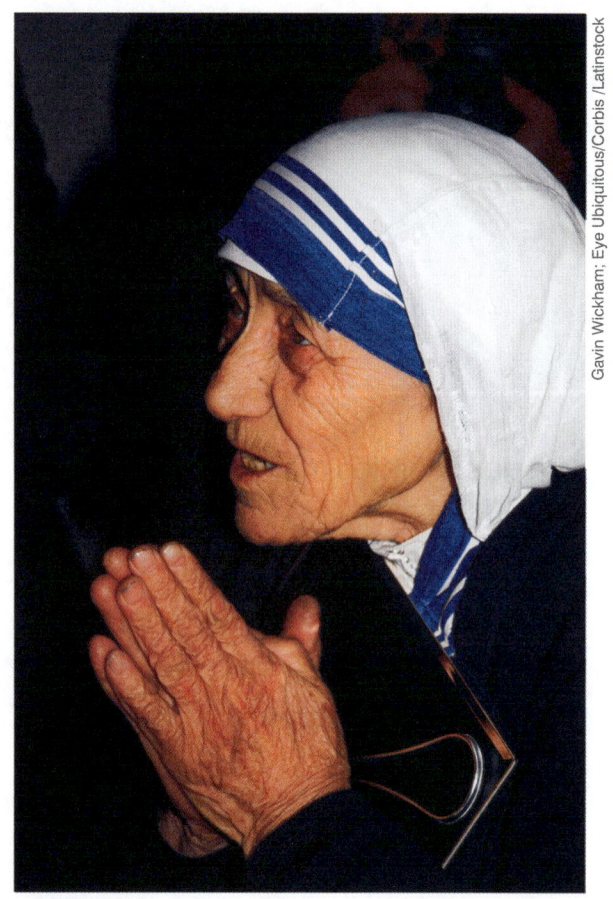

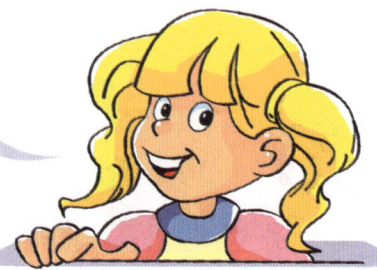

Pesquise, juntamente com seus colegas de turma, exemplos de pessoas que, em sua cidade, foram persistentes e atingiram seus objetivos. Relate a seguir.

Há pessoas que lutaram contra a discriminação racial, a violência e as diferenças sociais e são, também, exemplos de persistência.

Akg-Images/Latinstock

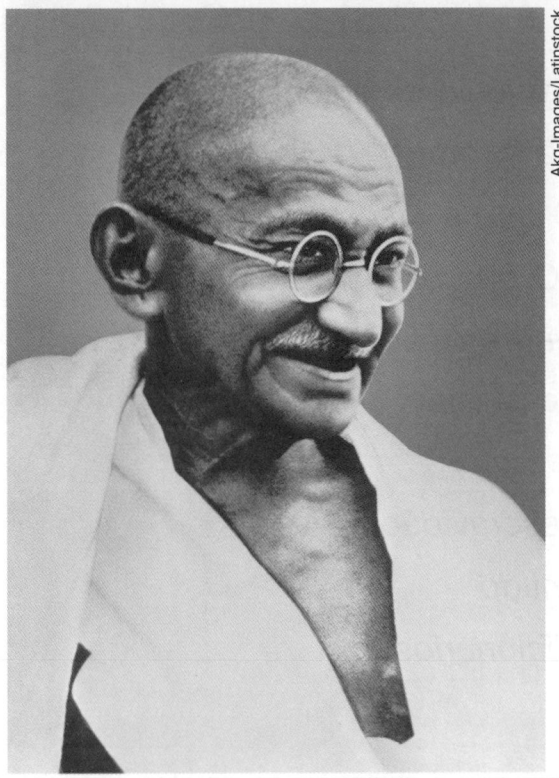

Mahatma Gandhi, um indiano que dedicou sua vida à luta pela paz, dizia: **"A não violência é a maior força à disposição da humanidade"**.

Ele era o próprio exemplo, pois viveu sua vida defendendo o amor e não a guerra ou a violência.

Pense no significado da frase de Gandhi, destacada acima. Você tem um exemplo para contar que a confirme como verdadeira?

Akg-Images/Latinstock

Na luta contra a não violência e contra as desigualdades sociais, um pastou norte--americano chamado Martin Luther King também é exemplo de persistência e busca por uma vida digna.

Ele foi líder de movimentos que buscavam o respeito aos direitos dos negros e o fim da discriminação racial nos EUA.

Martin Luther King deixou seus sonhos registrados em palavras. O trecho a seguir faz parte de um de seus mais famosos discursos: **"Eu tenho um sonho"**. Leia:

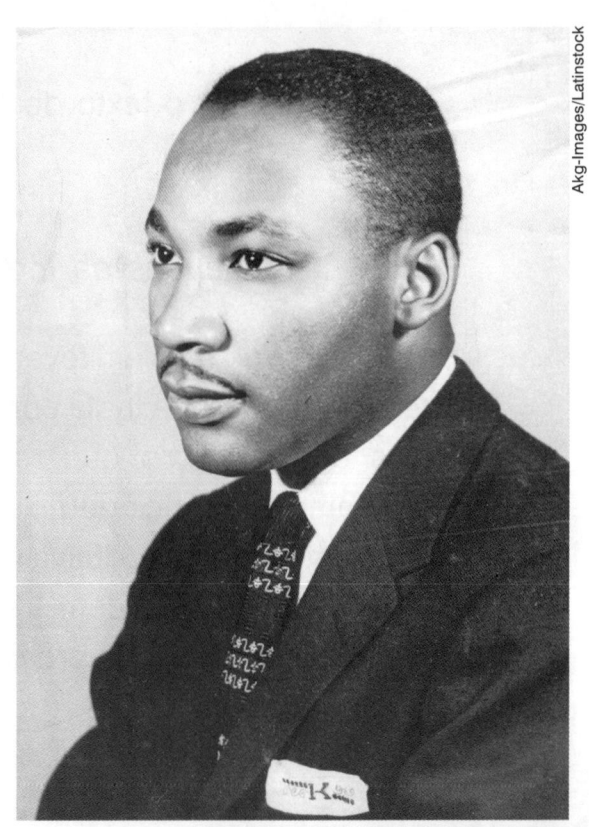

Um dia...

Os jovens ouvirão palavras que não haverão de entender.

Crianças da Índia perguntarão: *O que é fome?*

Crianças do Alabama perguntarão: *O que é discriminação racial?*

Crianças de Hiroshima perguntarão: *O que é bomba atômica?*

Crianças perguntarão na escola: *O que é guerra?*

Vocês lhes responderão. Vocês lhes ensinarão.

Essas palavras não são mais usadas.

São como carruagens, galeras ou escravidão.

São palavras que não têm mais sentido.

É por isso que foram tiradas dos dicionários.

Para entender o texto de Martin Luther King

Ele diz: *Crianças da Índia perguntarão: O que é fome?*

Um relatório feito em fevereiro de 2009, pelo Programa Mundial de Saúde, observou que a Índia continua abrigando mais de um quarto dos famintos do mundo, o que representa 230 milhões de pessoas. O relatório também mencionou o aumento dos casos de anemia entre as mulheres em idade reprodutiva na zona rural de oito estados da Índia. As mulheres indianas são, com frequência, as últimas a comer em suas casas e, muitas vezes, é improvável que se alimentem satisfatoriamente durante a gravidez.

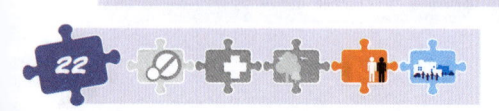

Ele diz:
*Crianças do Alabama perguntarão:
O que é discriminação racial?*

  O Alabama é um estado dos Estados Unidos, país onde nasceu Luther King. Esse estado era conhecido por ser um dos mais racistas daquele país. Em 1955, um episódio envolvendo Rosa Parks, uma costureira, contribuiu para mudar a história do racismo. Nesse ano, ainda valia a separação de brancos e negros nos assentos dos ônibus, ou seja, havia lugares para brancos e lugares para negros: os assentos dianteiros e os do meio estavam reservados aos brancos, os de trás aos negros. Uma tarde, Rosa voltava para casa, depois de um duro dia de trabalho, em um ônibus no qual havia, além dela, outros três passageiros também negros. O motorista, aos gritos, mandou que eles se levantassem para que o único passageiro branco pudesse escolher onde sentar-se. Ela não se levantou. Por isso, foi presa, acusada de desrespeitar as leis do Alabama. A população negra, liderada por Martin Luther King, então um jovem pastor, promoveu um boicote ao transporte coletivo, que durou mais de um ano e forçou o fim das leis racistas no estado.

Ele diz:
*Crianças de Hiroshima perguntarão:
O que é bomba atômica?*

  O primeiro ataque atômico da história ocorreu na cidade de Hiroshima, em 6 de agosto de 1945. A bomba foi lançada pelos Estados Unidos. Nesse ataque, a cidade foi arrasada e 250 mil pessoas foram mortas ou feridas.

Depois de ter lido o texto e as informações complementares colocadas para ajudá-lo a entender melhor, converse com o professor e colegas sobre:

- O que é fome?
- O que preconceito racial?
- O que é guerra?
- Se a sua resposta foi SIM, o sonho de Martin Luther King já se realizou?
- Se a sua resposta foi NÃO, quer dizer que o significado dessas palavras deixou de existir no mundo?

Com os colegas, organizem duas listas de palavras. Na primeira, coloquem aquelas que, pelo que significam, poderiam ser eliminadas do dicionário. Isto é, o que elas significam não precisaria existir no mundo. Na Segunda lista, coloquem aquelas palavras que, pelo que significam, jamais poderiam deixar de existir. Registrem abaixo:

_____
_____
_____
_____
_____
_____
_____

africanpictures / akg-images/Akg-Images/Latinstock

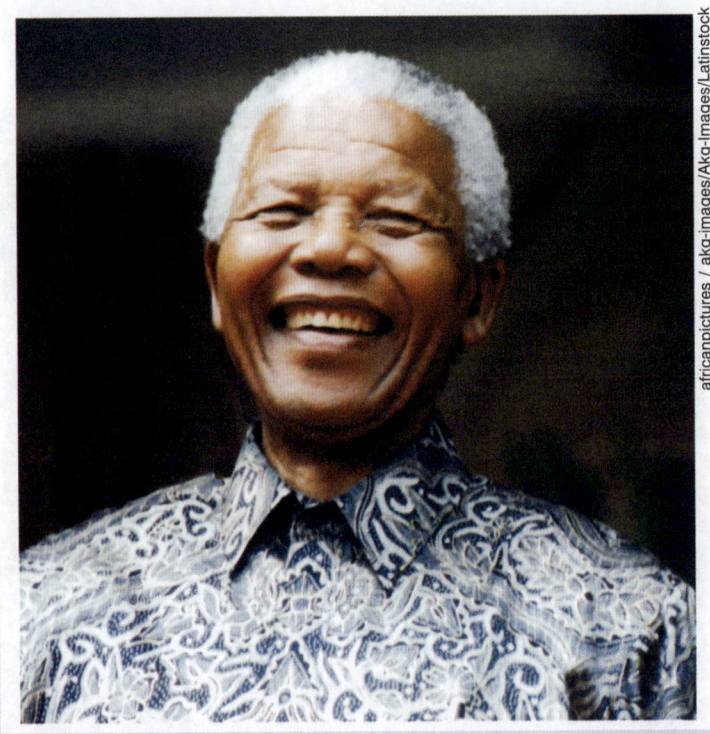

Um outro exemplo importante é o de Nelson Rolihlahla Mandela, importante líder político da África do Sul, que lutou contra o sistema de *apartheid* naquele país.

O *apartheid* foi um dos regimes de discriminação mais cruéis de que se tem notícia no mundo. Ele vigorou na África do Sul de 1948 até 1990 e, durante todo esse tempo, esteve ligado à política desse país. Em 1487, quando o navegador português Bartolomeu Dias dobrou o Cabo da Boa Esperança, os europeus chegaram à região da África do Sul. Nos anos seguintes, essa região foi povoada por holandeses, franceses, ingleses e alemães.

Apartheid, que quer dizer **separação** na língua africâner dos imigrantes europeus, atingia a habitação, o emprego, a educação e os serviços públicos, pois os negros não podiam ser proprietários de terras, não tinham direito de participação na política e eram obrigados a viver em zonas residenciais separadas das dos brancos. Os casamentos entre pessoas de raças diferentes eram ilegais. Os negros geralmente trabalhavam nas minas, comandados por capatazes brancos e viviam em guetos miseráveis e superpovoados.

Disponível em: <http://www.ibge.gov.br/ibgeteen/datas/discriminacao/apartheid.html>. Acesso em 6 ago. 2010.

Observe essa imagem:

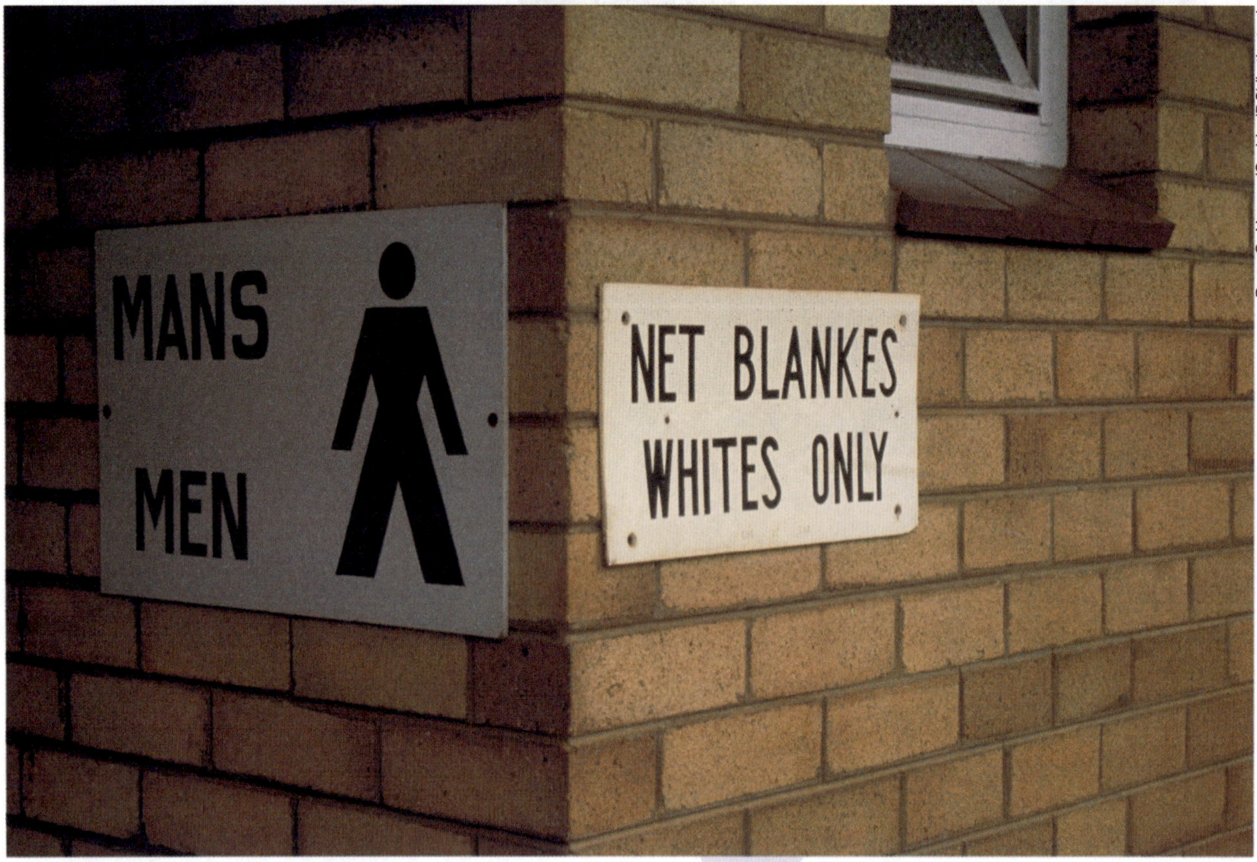

REFLETINDO

Lembre-se do sonho de Martin Luther King e imagine que ele tivesse sido realizado. Que pergunta, então, as crianças da África do Sul fariam?

Considerando o que você leu sobre o *apartheid*, o que aproxima Martin Luther King de Nelson Mandela?

Em nosso país, existiu um homem que, por sua luta em favor dos negros e da igualdade racial, ganhou reconhecimento nacional.

Esse homem é Zumbi, considerado um dos grandes líderes da nossa história e símbolo da resistência contra a escravidão.

PARREIRAS, Antônio. **Zumbi**. 1927. Óleo sobre tela, 115,3 cm x 87,4 cm. Museu Antônio Parreiras, Niterói (RJ).

ATIVIDADE

Reúna-se com alguns colegas e, juntos, façam uma pesquisa sobre a vida de Zumbi. Procurem informações em livros, revistas e na internet.

As seguintes informações podem ajudá-lo a entender a importância de Zumbi para os brasileiros:

- Os negros-africanos foram escravizados no Brasil durante quase três séculos.

- Escravo – pessoa que é forçada a trabalhar sem receber pagamento pelo seu trabalho.

- No Brasil, os negros eram duramente castigados, apanhavam com chicotes e eram torturados com instrumentos de ferro.

- Muitos negros conseguiam fugir e se escondiam no mato, em esconderijos chamados quilombos.

- O mais famoso quilombo foi o de Palmares, situado no atual estado de Alagoas.

- Em 13 de maio de 1888, a princesa Isabel assinou a Lei Áurea, que dava liberdade a todos os escravos do Brasil.

Atualmente, o dia de sua morte — 20 de novembro — é lembrado e comemorado em todo o território nacional como o **Dia da Consciência Negra**.

REFLETINDO

Com a criação do Dia da Consciência Negra, é proposta uma reflexão a respeito da condição do negro na sociedade. Que aspectos merecem ser pensados e refletidos sobre essa questão?

ATIVIDADE

1. Encontre, no diagrama, palavras relacionadas ao significado da palavra persistência e destaque-as. Depois, escreva frases com essas palavras.

DISCIPLINA
CONTROLE
TENACIDADE
COMPROMISSO
OBRIGAÇÃO

CONTINUIDADE
RESISTÊNCIA
PERSEVERANÇA
INTEGRIDADE

```
C A E D I S C I P L I N A B A Z Y E W Q J T I S A
F Ç N H N N K J Q K N I H O R X U N D A K H W I N
C O N T R O L E U C S L C P C V O R X C L L V Q C
R T S J M G Y Y J R M T E N A C I D A D E F S U M
L K A P M A R C O M P R O M I S S O C M P N B T D
S M C Z M L M Z M Z M P M C O N T I N U I D A D E
O V I N T E G R I D A D E H G F P H S C A B C F C
X X N U M I N X K A F X W K J O B R I G A Ç Ã O M
L Y V O P Z P G E H P C P S Q H K J P Z S E A G B
G R E S I S T Ê N C I A K I W Y Z K I C R G O M N
M P B M P E R S E V E R A N Ç A G D M B Y Z K B M
```

2. Pudemos perceber que persistência é uma condição para o sucesso, não é mesmo? Responda, rapidamente, o que é preciso ter para conseguir:

- passar de ano no colégio;
- ganhar uma medalha olímpica;
- vencer uma maratona;
- receber um prêmio.

Somos curiosos quando questionamos as afirmações sobre a realidade, nos interessamos pelas coisas e pensamos sobre elas.

As interrogações fundamentais que fazemos, e que são importantes para qualquer um que deseja filosofar, são:

O QUE É?

COMO É?

POR QUE É?

Com base na imagem a seguir, procure responder às três perguntas investigativas citadas e justifique o que descobriu a respeito da figura camuflada.

Observe com atenção e descubra o que se esconde em meio à vegetação. À primeira vista, o que aparece estar escondido em meio à vegetação?

"Partindo do que sabemos desses animais e dessa paisagem, podemos deduzir que é um ambiente do continente..."

Você sabia...

O continente africano sofre com sérios problemas sociais — fome, miséria e seca — que assolam e castigam seu povo. Mas, por outro lado, a África é um dos lugares mais belos e magníficos do Planeta.

Há algum tempo, muitas espécies de animais africanos foram vítimas de caçadores, o que levou alguns animais ao perigo de extinção, como o rinoceronte-branco, o leopardo, o gorila-das-montanhas, entre outros.

Graças a pesquisadores, ecologistas, à conscientização e colaboração das comunidades tribais e às leis ambientais, foram criadas várias reservas na África para preservar a fauna e a flora. Por isso, ainda podemos ver esses animais vivendo num ambiente exótico e exuberante, em plena liberdade.

FIQUE SABENDO

A cultura africana é muito rica e diversificada. Ela reflete a sua antiga história, seu povo e sua natureza.
As lendas africanas são muito interessantes.
Leia, a seguir, uma lenda bastante curiosa:

Lenda de Ibeji

Em um reino, havia dois pequenos príncipes gêmeos que traziam sorte a todos. Os problemas mais difíceis eram resolvidos por eles, que, em troca, pediam doces, balas e brinquedos.

Esses meninos faziam muitas traquinagens. Um dia, estavam brincando próximo a uma cachoeira, quando um deles caiu no rio e morreu afogado.

Todos do reino ficaram muito tristes pela morte do príncipe.

O gêmeo que sobreviveu não tinha mais vontade de comer e vivia chorando de saudades; pedia sempre a Orumilá, deus da sabedoria, para que o levasse para perto do irmão.

Sensibilizado pelo pedido, Orumilá resolveu levá-lo para se encontrar com o irmão no céu, deixando na terra duas imagens de barro.

Desde então, todos que precisam de ajuda deixam oferendas aos pés dessas imagens para ter seus pedidos atendidos.

Disponível em: <http://www.africanasraizes.com.br/cultura.html>. Acesso em: 27 jul. 2010.

DISCUTINDO O TEMA

Você conhece essa ou outra história parecida? Qual? Quem lhe contava? Como era a história? Escreva com suas palavras.

_____
_____
_____
_____
_____

Outra lenda originária dos povos africanos é a do **"Negrinho do Pastoreio"**; ela tornou-se popular durante a campanha abolicionista e mostrava, por meio de uma história, a crueldade de um senhor de escravos.

Leia essa lenda e, depois, represente-a com seus colegas de sala.

Dizem que, para recuperar coisas perdidas, basta pedir ao Negrinho do Pastoreio que ele ajuda a encontrar.

A lenda do Negrinho do Pastoreio é originária do Sul do País.

As lendas são histórias fantásticas, transmitidas oralmente pelas pessoas de geração a geração. Nas lendas, o real e o imaginário se misturam para explicar acontecimentos ou fenômenos misteriosos ou sobrenaturais. Seus personagens são, geralmente, homens e animais.

Já os **mitos** são histórias que os povos antigos contavam para tentar compreender e explicar as origens do mundo, do homem e do Universo, por meio de personagens como deuses, semideuses e heróis.

Buscar respostas para as questões e os problemas, examinar e comparar essas respostas, buscar as conclusões mais satisfatórias é uma maneira científica de descobrirmos sobre as coisas e adquirirmos **CONHECIMENTO**.

Para isso, devemos questionar tudo, comparar e examinar as alternativas, estabelecer critérios para julgar e classificar as opções, buscar princípios e, a partir deles, tentar explicar as coisas. Essa atitude questionadora, em busca de conhecer mais, deve nos acompanhar nas grandes questões e naquelas, aparentemente, sem grande importância.

Por exemplo: Você sabe por que choramos quando descascamos uma cebola?

A resposta é química: O que nos faz chorar são os gases que a cebola libera quando a cortamos. Em contato com a água dos olhos, eles reagem e formam um ácido que irrita o globo ocular. Então, os olhos se protegem estimulando as glândulas lacrimais e derramando lágrimas que lavam o olho, como se fosse um colírio natural.

ATIVIDADE

Agora, seja curioso e descubra como podemos evitar esse "choro" ao cortarmos uma cebola e registre:

_____
_____
_____
_____
_____

Vamos exercitar a nossa curiosidade e procurar saber sobre um dos mais importantes direitos criados em proteção às pessoas idosas.

Você sabia que existe uma lei, aprovada desde o ano de 2003, chamada de "Estatuto do Idoso", que garante direitos aos cidadãos com idade acima de 60 anos e institui penas sérias para quem desrespeitar ou abandonar esses cidadãos? Vamos conhecê-lo.

AMPLIANDO CONHECIMENTOS

SAÚDE: o idoso deve ter atendimento preferencial no Sistema Único de Saúde (SUS). Deve receber remédios gratuitamente, principalmente os de uso continuado (para hipertensão, diabetes, etc.) e, também, próteses, artigos de proteção, andadores, entre outros, quando necessários.

Os planos de saúde não podem reajustar as mensalidades usando a idade como critério. Todo idoso internado — ou em observação — em qualquer unidade de saúde tem direito a acompanhante durante o tempo determinado pelo profissional de saúde que o atende.

TRANSPORTE COLETIVO: as pessoas maiores de 65 anos têm direito ao transporte coletivo público gratuito. Os veículos de transporte devem reservar 10% dos assentos para os idosos. Isso deve ser informado de forma clara e legível.

VIOLÊNCIA E ABANDONO: o estatuto diz que nenhum idoso poderá ser vítima de negligência, discriminação, violência, crueldade ou opressão. Quem discriminar o idoso, impedindo ou dificultando seu acesso a operações bancárias, aos meios de transporte ou a qualquer outro meio de exercer sua cidadania pode ser condenado; a pena, nesses casos, varia de seis meses a um ano de reclusão, além de multa.

LAZER, CULTURA E ESPORTE: todo idoso tem direito a 50% de desconto em atividades de cultura, esporte e lazer.

TRABALHO: é proibida a discriminação por idade e a fixação de limite máximo de idade na contratação de empregados, sendo passível de punição quem o fizer. E deve ser respeitado o fator idade para desempate em concurso público, sendo dada preferência para os mais idosos.

HABITAÇÃO: o estatuto garante aos idosos a reserva de 3% de unidades residenciais nos programas de habitação pública.

Você sabia que as famílias que abandonam o idoso em hospitais ou casas de saúde, sem dar respaldo para suas necessidades básicas, podem ser condenadas à pena de seis meses a três anos de detenção e multa?

ATIVIDADE

Considera-se **idosa** toda a pessoa com 60 anos ou mais.

Há muitas pessoas idosas na sua família?
Escreva, a seguir, quem são elas e seus nomes.

_____
_____
_____
_____
_____

PENSANDO

Será que tudo isso está realmente sendo respeitado?

ATIVIDADE

1. No dia 1º de outubro, comemora-se o **Dia Internacional do Idoso**.

"A partir da Lei n. 11.433, de 28 de dezembro de 2006, assinada pelo presidente Luiz Inácio Lula da Silva, fica instituído o Dia Nacional do Idoso, a ser celebrado no dia 1º de outubro de cada ano."

Você sabia disso?

Por que será que essa data não é muito divulgada?

O que você faria para comemorar dignamente essa data em sua cidade?

Apresente aqui suas sugestões e convoque seus colegas e familiares para comemorar esse dia.

_____
_____
_____
_____
_____

> "Uma pessoa permanece jovem na medida em que ainda é capaz de aprender, adquirir novos hábitos, e tolerar contradições."
>
> Marie Von Ebner-Eschenbach

2. Com base no que está registrado no cartaz, você saberia diferenciar **velho** de **idoso**?

3. Analise esta indicação do último censo realizado no nosso país: "Nos próximos 20 anos, a população idosa do Brasil poderá ultrapassar os 30 milhões de pessoas e deverá representar quase 13% da população ao final desse período".

   Em 2000, segundo o censo, a população de 60 anos ou mais era de 14 536 029 de pessoas, contra 10 722 705 em 1991.

   Faça a conta e veja quanto cresceu o número de idosos entre 1991 e 2000.

   Registre:

4. O brasileiro, em geral, está vivendo mais. Dados dos últimos censos mostram que o tempo médio de vida está crescendo de forma acentuada.

Analise o gráfico ao lado, que mostra a evolução da expectativa de vida do brasileiro ao longo dos últimos anos.

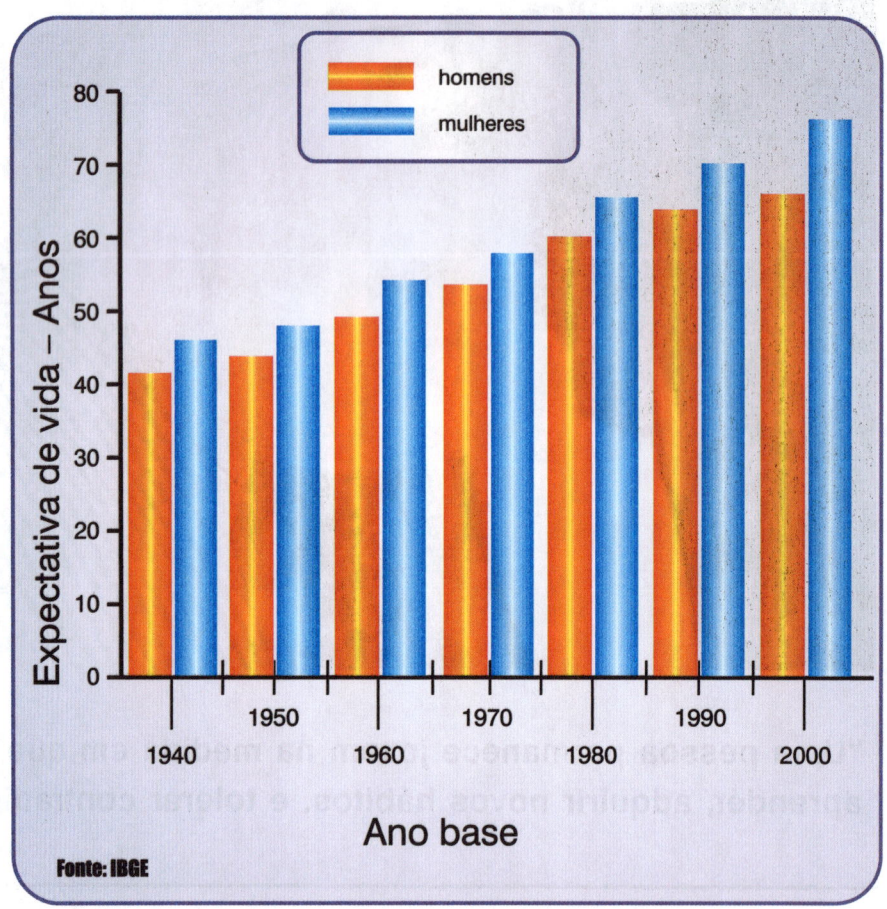

Fonte: IBGE

Disponível em: <http://revistapesquisa.fapesp.br/?art=4531&bd=2&pg=1&lg=>
Acesso em: 27 jul. 2010.

O que você conclui dessa informação? Com o que devemos nos preocupar, em relação ao futuro?

___
___
___
___
___
___

5. A prática de exercícios físicos é fundamental para a garantia da saúde dos idosos.

Elabore um cartaz que apresente algumas recomendações essenciais aos idosos, como:

– a importância do caminhar, do nadar, do andar de bicicleta regularmente para manter o peso ideal;

– a importância dos exercícios físicos para o fortalecimento da musculatura, para o equilíbrio, e para o sangue fluir melhor, o que facilita a passagem do oxigênio para as partes do corpo.

UNIDADE 3 **HUMANIDADE**

Vimos anteriormente o significado de **homem**.

Então, agora, você poderia responder o que significa sermos **humanos**?

_____
_____
_____
_____
_____

E o que significa **humanidade**?

Seria **humanidade** o resumo de tudo que há de bom dentro de cada ser humano?

Nos dicionários, encontramos: Humanidade é o "conjunto de características específicas da natureza humana; conjunto de todos os seres humanos; solicitude do homem para com o seu semelhante, benevolência, compaixão."

Leia com atenção esse quadrinho:

Pensei que ia colocar a placa na humanidade!

?

NÃO FUNCIONA

- O que você acha que ela quis dizer com **"pendurar a placa na humanidade"**?

_____
_____
_____
_____
_____

- Estaria a personagem desapontada com a humanidade? Qual sua opinião?

_____
_____
_____
_____
_____

- O que a humanidade pode fazer para melhorar o mundo?

_____
_____
_____
_____
_____

A letra de uma música de Roberto Carlos nos leva a pensar sobre o assunto. Leia com atenção e depois vamos trabalhar os destaques dessa letra.

Seres humanos

Que negócio é esse de que somos culpados
De tudo que há de errado sobre a face da Terra
Que negócio é esse de que nós não temos
Os devidos cuidados com o mundo em que vivemos
Fazemos quase tudo por necessidade
Vivemos em busca da felicidade
Somos seres humanos
Só queremos a vida mais linda
Não somos perfeitos
Ainda

Afinal nem sabemos por que aqui estamos
E mesmo sem saber seguindo em frente vamos
Vencemos obstáculos todos os dias
Em busca do pão e de alguma alegria
Não podemos ser julgados pela minoria
Nós somos do bem e o bem é a maioria
Somos seres humanos
Só queremos a vida mais linda
Não somos perfeitos
Ainda

Só quero a verdade
Nada mais que a verdade

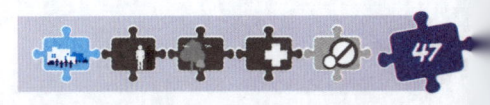

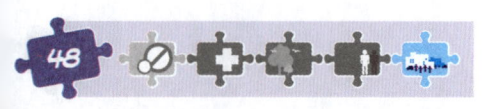

Não adianta me dizer
Coisas que não fazem sentido
Que tal olhar as coisas que a gente tem conseguido
E o mundo hoje é bem melhor
Do que há muito tempo atrás
E as mudanças desse mundo
O ser humano é que faz
Estamos sempre em busca de uma solução
Queríamos voar, fizemos o avião
O telefone, o rádio, a luz elétrica
A televisão, o computador, progressos na engenharia genética
Maravilhas da ciência prolongando a vida
Nós temos amor, ninguém duvida
Somos seres humanos
Só queremos a vida mais linda
Não somos perfeitos
Ainda

Mas que negócio é esse de que somos culpados
De tudo que há de errado sobre a face da terra
Buscamos apoio nas religiões
E procuramos verdades em suposições
Católicos, judeus, espíritas e ateus
Somos maravilhosos
Afinal somos filhos de Deus
Somos seres humanos
Só queremos a vida mais linda
Não somos perfeitos
Ainda

Só quero a verdade
Nada mais que a verdade
Não adianta me dizer
Coisas que não fazem sentido
Que tal olhar as coisas que a gente tem conseguido
E o mundo hoje é bem melhor
Do que há muito tempo atrás
E as mudanças desse mundo
O ser humano é que faz.

ERASMO CARLOS; ROBERTO CARLOS. Seres humanos. Intérprete: Roberto Carlos. In: ROBERTO CARLOS. **Para sempre**. [S.l.]: Sony Music, p2003. 1 CD. Faixa 8.

Agora copie as frases negritadas para discutirmos e analisarmos suas mensagens.

1. VIVEMOS EM BUSCA DA FELICIDADE...

Será verdade?
Será que somos movidos por essa busca?
O que é felicidade para você?

Platão, um filósofo grego da Antiguidade clássica, dizia que devemos sempre estar em busca da perfeição, ou seja, a verdadeira identidade do Universo, a harmonia real de toda a criação e que, apesar de não percebermos — por sermos imperfeitos —, esse lugar existe.

Buscando entender o que Platão disse: a felicidade só pode estar nesse mundo perfeito e harmônico, que só a alma conhece, e que podemos conseguir isso por meio do **bem**. Sendo assim, seremos felizes quando obtivermos esse conhecimento.

Platão alerta que, se entendermos que nossos pensamentos fazem parte de nossa alma, poderemos compreender — como seres humanos — que o mundo perfeito, do **bem**, a verdadeira **felicidade** só conseguiremos com **liberdade**.

Assim, podemos até entender por que ficamos felizes ao ganharmos uma boa quantidade de dinheiro, não é mesmo?
Ficamos felizes porque podemos nos libertar de alguma dívida e temos liberdade para comprar o que quisermos.

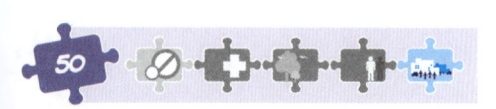

REFLETINDO

Ter muito dinheiro nos dá maior liberdade?

Ser livre é ter muito dinheiro?

O que é a verdadeira felicidade?

Comprar bens, adquirir coisas nos traz felicidade?

LEIA COM ATENÇÃO

Usando a razão — que é uma faculdade própria dos seres humanos —, aprendemos que, conseguindo aos poucos as coisas que nos propomos a alcançar, atingindo nossos objetivos, seremos felizes.

Para Tucídides, um historiador grego, **"O segredo da felicidade está na liberdade"**.

Um conselho retirado das ideias do filósofo Platão:

"A forma mais prática de ser feliz é apenas pensar, pensar apenas em coisas boas."

ATIVIDADE

O cartaz a seguir traz uma mensagem sobre **FELICIDADE**. Ilustre-o.

Felicidade

Esteja certo de que a felicidade de sua vida não pode vir de fora. Você só poderá encontrar a felicidade quando souber fazê-la nascer dentro do seu coração, quando aprender a ajudar a todos indistintamente, com suas ações, suas palavras e seus pensamentos.

2. VENCEMOS OBSTÁCULOS TODOS OS DIAS

Vencer é o que importa. O resto é a consequência.

Essa frase é do famoso piloto Ayrton Senna, que morreu em uma pista de Fórmula 1.
Você concorda com ele?
Em seus estudos, você pensa sempre em vitórias? De que forma?

Um grande filósofo indiano disse: **"Nas grandes batalhas da vida, o primeiro passo para a vitória é o desejo de vencer"**. O nome desse filósofo era Mahatma Gandhi.

ATIVIDADE

1. Qual das ideias sobre "vencer" combina mais com as suas? Escolha uma das duas apresentadas e represente-a por meio de desenho:

2. Observe a imagem e defina o sentido de vencer com base na gravura. Descreva essa ação.

_____
_____
_____
_____
_____

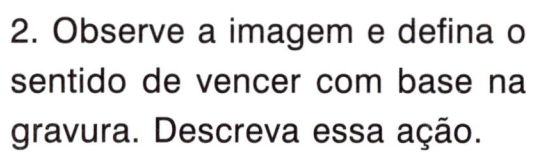

3. Uma palavra bastante utilizada quando pensamos em vencer, tanto na vida como em diversos setores de nosso dia a dia, é **otimismo**.

Busque o significado dessa palavra e escreva uma frase que demonstre otimismo.

_____
_____
_____
_____

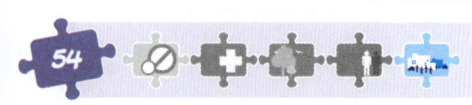

3. UM OLHAR SOBRE O QUE CONSEGUIMOS

Temos conseguido ser livres. Liberdade é o poder que tem o cidadão de exercer a sua vontade dentro dos limites que lhe faculta a lei. Isso é uma conquista.

Uma de uma de nossas maiores escritoras, Cecília Meireles, disse: **"Liberdade, essa palavra que o sonho humano alimenta, que não há ninguém que explique, e não há ninguém que não entenda"**.

ATIVIDADE

1. Observe a imagem a seguir e explique o sentido de liberdade que ela nos passa. Discuta primeiramente com seus colegas de sala.

2. Como você representaria uma conquista na sua vida escolar? De tantas conquistas que você já obteve, qual foi a mais importante?
Desenhe e escreva uma frase sobre essa conquista.

4. ESTAMOS SEMPRE EM BUSCA DE UMA SOLUÇÃO

Atualmente, esta é uma situação que nos preocupa:

Quando pensamos sobre a quantidade de automóveis e a confusão no trânsito por eles ocasionada, buscamos soluções que melhorem a vida das pessoas.

As pessoas responsáveis pela organização do trânsito procuram soluções para reorganizá-lo com estratégias simples, por exemplo: as ruas de mão única e a distribuição de áreas para estacionamento.

Mas, com certeza, a melhor estratégia é a educação e a segurança de trânsito. É com a conscientização efetiva dos cidadãos de que cada um tem sua parte de responsabilidade sobre a proteção do meio em que vive.

Outras alternativas podem ajudar: maior fiscalização, redistribuição de faixas, vias exclusivas para o transporte coletivo, vias de pedestres e, nas grandes cidades, o metrô.

A imagem mostra o metrô de Brasília. Pelo conforto, segurança e rapidez tem sido muito utilizado pela população.

Os automóveis lançam muitos resíduos no ambiente. Deve ser feita a reciclagem de baterias, pneus, óleos e mesmo dos próprios veículos, embora alguns dos processos de reaproveitamento estejam ainda pouco desenvolvidos.

Você sabia que o pneu, inteiro ou picado, pode ser reutilizado com sucesso, para diversos fins? Por exemplo:

- cobrir áreas de lazer e quadras esportivas;
- fabricação de tapetes para automóveis; 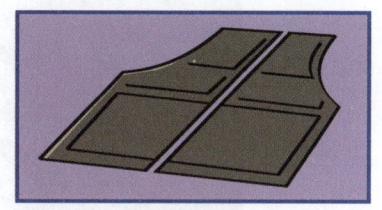
- saltos e solados de sapatos; 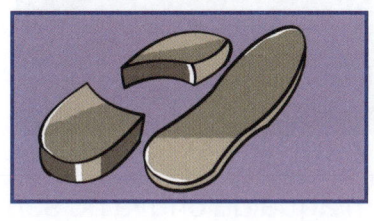
- passadeiras; 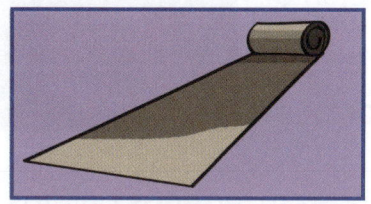
- colas e adesivos; 
- câmaras de ar; 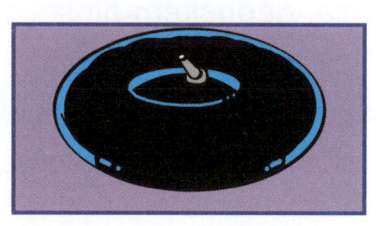
- rodos domésticos; 
- tiras para indústrias de estofados; 
- buchas para eixos de caminhões e ônibus; 
- pavimentação de ruas.

O que essa imagem nos conta?

Ela registra um crime ambiental.

Você saberia dizer por quê?

Ao serem jogados em terrenos baldios, os pneus acumulam água da chuva no seu interior, favorecendo que os mosquitos transmissores de doenças, como a dengue e a febre amarela, depositem ali seus ovos.

Os pneus que são jogados em lixões misturam-se com o resto do lixo, absorvendo os gases liberados pela decomposição, inchando e estourando.

Se forem queimados, podem causar incêndios, pois cada pneu é capaz de ficar queimando por mais de um mês, liberando mais de dez litros de óleo no solo, contaminando a água do subsolo e aumentando a poluição do ar.

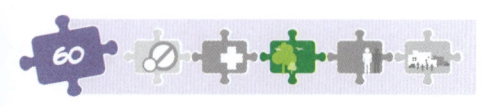

ATIVIDADE

Nas ilustrações a seguir, circule aquela que mostra o destino correto aos pneus velhos para que o meio ambiente não seja prejudicado.

PENSANDO MAIS

Além das alternativas apresentadas, há outras que podem contribuir para minimizar o problema: a proibição de certos tipos de combustíveis e o uso de alternativas que não façam mal ao ambiente.

Sabemos que a poluição atmosférica causada pela emissão de combustíveis tóxicos deve ser revista. É preciso alterar a tecnologia e as misturas feitas nesses combustíveis, como:

- a proibição do chumbo na gasolina;
- a limitação da volatilidade da gasolina;
- a utilização de gasolina reformulada;
- as limitações de enxofre no gás;
- e o controle de emissão de gases poluentes.

5. A CIÊNCIA PROLONGANDO A VIDA

Atualmente, com o avanço da ciência, é possível doar órgãos e ajudar a salvar muitas vidas.

> Doar órgãos é um gesto de amor que proporciona a continuidade da vida.

Hoje em dia são feitos transplantes de coração, pulmões, rins, pâncreas, fígado, intestino delgado, córneas, pele, ossos e cartilagens.

O transplante de córnea

Você sabia que uma bolada, uma conjuntivite séria, um cisco nos olhos, uma explosão no forno do fogão, um acidente de automóvel, pode ser muito perigoso e causar a perda da visão?

O transplante de córnea é um dos recursos da ciência para a recuperação da visão; é um procedimento de muito sucesso entre os transplantes de tecidos em seres humanos e, por isso, é muito realizado.

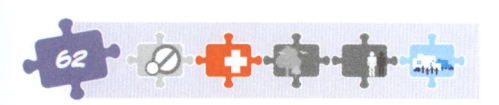

Outro transplante que apresenta excelentes resultados, e o nosso país é referência mundial, é o de medula.

Leia a notícia sobre esse procedimento:

Em 2009, o Brasil chegou à marca de um milhão de doadores voluntários de medula óssea. Eram apenas 60 mil em 2004, quando foi lançado um projeto nacional para informar e sensibilizar a população sobre a doação. O Registro Nacional de Doadores Voluntários de Medula Óssea (Redome) é o terceiro maior banco de dados do gênero do mundo, atrás apenas de Estados Unidos e Alemanha (dados de 2009).

O trabalho foi resultado de uma parceria entre o Inca, responsável pelo gerenciamento do Redome, hemocentros, laboratórios de imunogenética, ongs, instituições públicas e privadas e sociedade em geral. O primeiro passo foi mobilizar os diversos profissionais envolvidos na captação de doadores. Campanhas de doação de medula óssea foram feitas em diversos municípios brasileiros e todo esse esforço fez com que a meta prevista no Programa Mais Saúde, do Ministério da Saúde, fosse alcançada três anos antes da data prevista.

Apesar do número crescente de doadores voluntários cadastrados, a quantidade ainda é insuficiente para atender à demanda de pacientes. O principal motivo é a baixa probabilidade de encontrar um doador compatível dentro do Brasil: um em cem mil. Qualquer pessoa entre 18 e 55 anos com boa saúde poderá doar medula óssea, basta procurar um hemocentro.

Disponível em:<http://www.jornaldaorla.com.br/noticias_integra.asp?cd_noticia=3285>.
Acesso em: 27 jul. 2010.

Leia com atenção essa explicação:

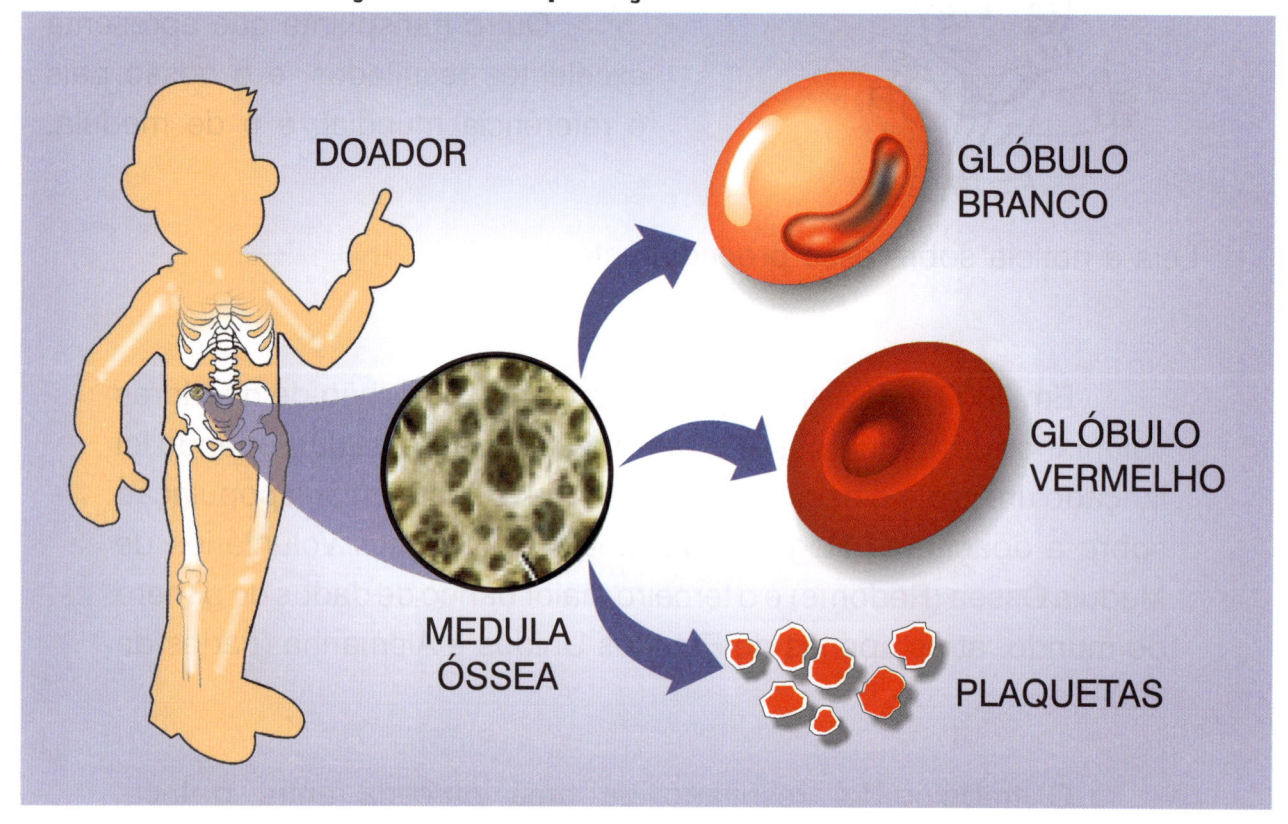

[Diagrama: DOADOR → MEDULA ÓSSEA → GLÓBULO BRANCO, GLÓBULO VERMELHO, PLAQUETAS]

A medula óssea é um tecido macio e gorduroso, localizado no interior dos ossos, que produz células sanguíneas (eritrócitos, leucócitos e plaquetas). Os eritrócitos carregam oxigênio ao longo do corpo; os leucócitos protegem contra infecções; as plaquetas ajudam na coagulação do sangue. Um complexo sistema de defesas para o nosso organismo, não é mesmo?

O transplante de medula é importantíssimo para pessoas que sofrem de doenças que afetam as células do sangue, como leucemia e linfoma.

PROCURE SABER

A leucemia tem cura, por isso é importante a doação de medula. Você sabia que qualquer pessoa sadia entre 18 e 55 anos pode ser doador de medula óssea?

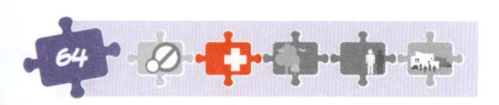

Você sabia também que ela é retirada do interior de ossos da bacia, através de punções, e se recompõe em apenas 15 dias?

Uma questão importante — que por vezes dificulta o transplante de medula — é a necessidade de existir compatibilidade entre as medulas do doador e do receptor, e a chance de se encontrar uma medula compatível é de UMA em MIL!

PESQUISANDO

Pesquise sobre o que é e como é feito um transplante de medula óssea e escreva o que descobriu.

_____
_____
_____
_____
_____
_____
_____
_____
_____
_____
_____

6. AS MUDANÇAS DESSE MUNDO, O SER HUMANO É QUEM FAZ

Praticamente todas as mudanças que acontecem no mundo são consequência da ação do homem, pois ele transforma o ambiente em um lugar melhor para se viver.

Sobre isso, há uma história interessante que circula na internet; seu autor é desconhecido. Após a leitura, discuta com seus colegas sobre o significado e a mensagem que ela nos traz.

O MENINO QUE CONSERTOU O MUNDO

Um cientista vivia preocupado com os problemas do mundo e estava resolvido a encontrar meios de minorá-los. Passava dias em seu laboratório em busca de respostas para suas dúvidas. Certo dia, seu filho de sete anos invadiu o seu santuário decidido a ajudá-lo a trabalhar.

Vendo que seria impossível demovê-lo, o pai procurou algo que pudesse distrair-lhe a atenção. Até que deparou com o mapa do mundo. Com auxílio de uma tesoura, recortou-o em vários pedaços e, junto com um rolo de fita adesiva, entregou ao filho:

– Vou lhe dar o mundo para consertar. Veja se consegue. Faça tudo sozinho.

Pensou que, assim, estava se livrando do garoto, pois ele não conhecia a geografia do planeta e certamente levaria dias para montar o quebra-cabeças. Uma hora depois, porém, ouviu a voz do filho:

– Pai, pai, já fiz tudo. Consegui terminar tudinho!

Para surpresa do pai, o mapa estava completo. Todos os pedaços haviam sido colocados nos devidos lugares. Como seria possível? Como o menino havia sido capaz?

– Você não sabia como era o mundo, meu filho, como conseguiu?

– Pai, eu não sabia como era o mundo, mas quando você tirou o papel da revista para recortar, eu vi que do outro lado havia a figura de um homem. Quando você me deu o mundo para consertar, eu tentei mas não consegui. Foi aí que me lembrei do homem, virei os recortes e comecei a consertar o homem que eu sabia como era. Quando consegui consertar o homem, virei a folha e descobri que havia consertado o mundo.

1. O texto informa que havia uma imagem que estava por detrás do mundo que o menino montou facilmente, qual era essa imagem? Represente-a por meio de desenho.

2. Leia um trecho da letra da música de Gabriel O Pensador que fala também sobre o assunto:

Até quando

Muda, que quando a gente muda o mundo muda com a gente.
A gente muda o mundo na mudança da mente.
E quando a mente muda a gente anda pra frente.
E quando a gente manda ninguém manda na gente.
Na mudança de atitude não há mal que não se mude nem doença sem cura.
Na mudança de postura a gente fica mais seguro,
na mudança do presente a gente molda o futuro!

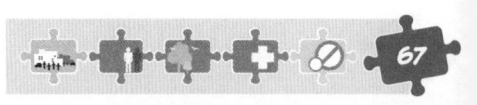

GABRIEL O PENSADOR. Até quando? Intérprete: Gabriel O Pensador. In: _____. **MTV ao vivo**. [S.l.]: Sony&BMG, p2003. 1 CD. Faixa 12.

Agora, responda, segundo o texto:

O que acontece quando a gente muda o mundo?

_____
_____

De que forma mudamos o mundo?

_____
_____

Para onde andamos quando a mente muda?

_____
_____

E o que acontece quando fazemos mudança no presente?

_____
_____

3. Encontre, em revistas atuais, uma imagem que mostre alguma mudança no presente que será importante no futuro e cole-a no espaço abaixo.

UNIDADE 4 **PREVENIR E PRESERVAR**

"QUAL O FUTURO DO NOSSO PLANETA."

Os meios de comunicação nos mostram, constantemente, cenas de desequilíbrios ambientais provocados pela ação do homem.

O que será que aconteceu nesse ambiente marítimo? Por que isso tem acontecido com tanta frequência?

Vamos ler e analisar uma notícia sobre o assunto:

> CABO FRIO – Pelo terceiro dia consecutivo, o pescador Heitor Cardoso da Silva, de 82 anos, desanima quando, nas primeiras horas da manhã, assiste a milhares de peixes mortos se amontoando por entre os barcos de pesca. Segundo os pescadores, cerca de 30 toneladas de peixes de diversas espécies morreram nos últimos dias. Eles acusam a Prolagos, concessionária de água e esgoto na Região dos Lagos, de ser a responsável por desaguar esgoto na lagoa que alimenta as algas e acaba provocando a morte de peixes, camarões e siris.
>
> — Nunca vi coisa igual. Como vamos viver sem peixe? Toda minha família vive da pesca! — questiona o aposentado que vive na aldeia de pescadores na Ponta da Baleia, em São Pedro da Aldeia, Região dos Lagos.

Disponível em: <http://extra.globo.com/rio/materias/2009/01/26/prolagos-admite-que-vazamento-de-esgoto-pode-ter-causado-mortandade-de-peixes-em-araruama-754143980.asp>. Acesso em: 28 jul. 2010.

DISCUTINDO

Você já viu isso acontecer na região onde mora? O que ocasionou o problema?

Dentre as muitas notícias relacionadas aos problemas ambientais, as relativas à poluição do ar, solo e atmosfera atualmente nos fazem refletir sobre o perigo do monóxido de carbono.

Nessa imagem tão comum nas áreas industriais das cidades brasileiras, o monóxido de carbono está presente.

SAIBA MAIS

O monóxido de carbono é um gás derivado da queima incompleta de combustíveis fósseis (carvão vegetal e mineral, gasolina, querosene e óleo diesel).

É produzido pela queima em condições de pouco oxigênio (combustão incompleta) e/ou alta temperatura de carvão ou outros materiais ricos em carbono, como derivados de petróleo.

As queimadas, que ocorrem em florestas do mundo todo, também lançam na atmosfera milhões de toneladas de monóxido de carbono. Sem cor e sem cheiro, é muito tóxico; quando inalado em pequenas quantidades, pode causar dores de cabeça, lentidão de raciocínio, problemas de visão, redução da capacidade de aprendizagem e perda de habilidade manual. Em quantidades maiores pode levar o indivíduo à morte por asfixia.

ATIVIDADE

Observe a imagem a seguir e descubra o significado da mancha negra que sai do escapamento do veículo.

Geralmente, fala-se que é a poluição proveniente do escapamento dos veículos, não é mesmo?

SUBSTÂNCIAS NOCIVAS

São substâncias capazes de provocar a morte ou danos à saúde se ingeridas, inaladas ou por contato com a pele, mesmo em pequenas quantidades.

ATIVIDADE

1. O que significa a palavra **nocivo**?

   _____
   _____
   _____
   _____

2. Escreva uma frase de alerta sobre os cuidados que devemos tomar com substâncias nocivas.

   _____
   _____
   _____
   _____
   _____
   _____

A palavra NOCIVA nos remete a outras que também afetam a todos nós e ao ambiente — que se ressente da falta de cuidado —, como: o "mau" uso de pesticidas e de metais chamados "pesados" presentes na natureza.

Chegou o momento de pensarmos sobre o que é **mal**, **mau** ou sobre **bem** e **bom**.

Mau opõe-se a **bom** e **mal** opõe-se a **bem**.

Alguns exemplos de uso dessas palavras com relação ao HOMEM x MEIO AMBIENTE:

Você é um **mau** indivíduo, pois suas ações são muito **más** com relação à preservação do meio ambiente.

São **maus**, portanto, todos os indivíduos que degradam o ambiente.

Causam **mal** os venenos despejados nas lavouras para o combate às pragas.

Você não sabe o mal que pode fazer à natureza o uso excessivo de pesticidas nas lavouras, pois tratam-se de substâncias persistentes que permanecem durante muito tempo em solos, águas, vegetais e animais e que também podem ser consumidos por meio dos produtos agrícolas.

Chamados de agrotóxicos, os produtos usados na agricultura são importantes para proteger as plantas contra ataques de pragas e doenças. No entanto, podem ser muito perigosos se forem utilizados de forma errada.

Os perigos representados pelos agrotóxicos

O perigo começa no próprio campo, com os agricultores que pulverizam os agrotóxicos nas lavouras. A exposição a esses produtos de elevada toxidade pode ocasionar invalidez e até a morte.

Há também o perigo diretamente em nossa mesa, por meio do consumo de vegetais e frutas de aspecto agradável, mas que podem conter — escondidos na casca ou no seu interior — fragmentos de agrotóxicos utilizados na lavoura.

É importante ficar atento, também, aos metais pesados. As principais fontes são as indústrias, os garimpos e as lavouras que aplicam cobre e zinco no combate aos fungos.

Quando esses metais são lançados como resíduos industriais, na água, no solo ou no ar, podem ser absorvidos pelos vegetais e animais das proximidades, provocando graves intoxicações ao longo da cadeia alimentar.

VOCÊ SABIA?

- que o chumbo altera a síntese da hemoglobina, provocando anemia, insuficiência renal, problemas no sistema nervoso, cólicas intestinais e convulsões?

- que esses produtos, quando lançados no ar, nos contaminam e podem acarretar enfraquecimento das pernas, tontura e até debilidade mental?

ATIVIDADE

1. Pesquise o significado das palavras **pesticida** e **herbicida** e alguns exemplos do perigo que representam à nossa saúde. Registre.

_____
_____
_____
_____
_____
_____
_____
_____
_____

Por que é usada a imagem de uma caveira como alerta de gás tóxico? Você já viu esse símbolo na embalagem de algum produto?

GÁS TÓXICO

2

2. Observe os símbolos a seguir. Eles são encontrados nas embalagens de produtos que contêm substâncias tóxicas:

GÁS INFLAMÁVEL 2	LÍQUIDO INFLAMÁVEL 3	GÁS TÓXICO 2
PERIGOSO QUANDO MOLHADO 4	SUBSTÂNCIA INFECTANTE 6	RADIOATIVO 7
EXPLOSIVO 1	GÁS NÃO INFLAMÁVEL NÃO TÓXICO 2	CORROSIVO 8

3. O que pode conter dentro dessa embalagem? Como você descobriu?

_____
_____
_____
_____
_____
_____

FALANDO SOBRE O PETRÓLEO

Com bastante frequência são divulgadas notícias sobre os riscos e perigos da extração do petróleo em plataformas no mar e sobre casos de derramamento que afetam toda a comunidade biológica das áreas atingidas. Sofre o mar e todos os que dele dependem.

Em abril de 2010, no Golfo do México, nos Estados Unidos da América, ocorreu o mais grave acidente com derramamento de petróleo dos últimos tempos.

A imagem a seguir mostra a grande mancha de óleo atingindo as margens do rio Mississipi e técnicos tentando contornar o problema, que causou danos irreparáveis para a natureza.

Nesse acidente, cerca de 800 mil litros de petróleo vazaram por dia no mar. Você consegue imaginar o estrago causado?

VOCÊ SABIA?

- se a plumagem de uma ave for manchada por petróleo, ela pode morrer por sufocamento ou hipotermia?

- as tartarugas marinhas, crocodilos, golfinhos e baleias podem inalar ou ingerir o petróleo e, quando se alimentam de presas já sujas, correm o risco de sofrer inflamações, lesões internas ou outras complicações que podem causar a morte?

ATIVIDADE

A reportagem a seguir foi noticiada no Jornal da Tarde, de Salvador, em 25 de março de 2010.

Vazamento de óleo mata 10 toneladas de peixes

Um acidente ambiental causado pelo derramamento de óleo no Riacho do Camisão, nas imediações da cidade de Riachão do Jacuípe (a 183 quilômetros de Salvador), provocou a morte de mais de 10 toneladas de peixes, de acordo com informações de técnicos do Instituto do Meio Ambiente (IMA).

O óleo se espalhou no manancial depois que um caminhão virou na BR-324. O riacho do Camisão é um dos principais afluentes do Rio Jacuípe. Mais de 13 mil litros de óleo foram derramados. Outros animais, como frangos e porcos, que beberam a água contaminada, também morreram.

O principal risco é que a chuva, que ameaça cair sobre a região, transporte a água contaminada até o rio Jacuípe. A empresa responsável pelo caminhão, a Nacional Asfalto, enviou uma equipe na manhã de quarta-feira, 24, para retirar os animais mortos do riacho e fazer a limpeza do solo atingido. Segundo um técnico do IMA, a limpeza deve durar de cinco a oito dias.

Sem oxigênio – Ainda não se sabe que tipo de óleo contaminou a água do riacho. No entanto, é comum em acidentes desse tipo que a substância lançada diminua o índice de oxigênio no manancial hídrico, matando por asfixia não apenas os peixes, mas várias outras espécies de animais do *habitat*.

Disponível em:<http://www.atarde.com.br/cidades/noticia.jsf?id=2212616>. Acesso em: 28 jul. 2010.

A seguir, veremos alguns dos grandes riscos que podem causar desastres ambientais e suas principais consequências.

Mineração e siderurgia

Obrigação da reconstrução da região onde acontece a exploração da matéria-prima. Para as siderúrgicas, a poluição na produção de aço é o principal fator de preocupação.

Telecomunicações

Lixo digital (baterias de celular, por exemplo), infraestrutura obsoleta, inserção de antenas e infraestrutura na natureza.

Papel e celulose

Polêmica sobre "deserto verde". Empresas e movimentos ambientais discutem sobre grandes latifúndios destinados a florestas de eucalipto, que supostamente prejudicam a fauna e a flora da região, além de utilizarem grandes quantidades de terra.

Energia elétrica

Empresas de geração estão sujeitas a multas e até cassação definitiva das licenças ambientais caso provoquem danos ao meioambiente. Por outro lado, a geração por fontes renováveis pode trazer ganhos financeiros.

Bebidas e fumo

Setores sofrem pressão por mudanças na legislação e tributação para inibir o consumo, especialmente o de cigarros.

Petróleo e gás

Acidentes durante a operação e transporte de óleo e gás podem causar severos danos ambientais às regiões atingidas. O uso dos derivados é nocivo ao meio ambiente e um dos principais responsáveis pela formação de CO_2 na atmosfera.

Você pôde observar os danos que alguns recursos — que, para nós são imprescindíveis — podem causar. Por isso, devemos ter cuidado e ajudar a evitar desastres na natureza.

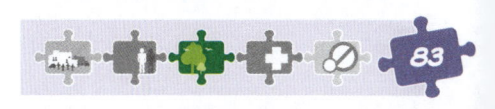

USO SUSTENTÁVEL

Muitas empresas estão desenvolvendo projetos voltados para a sustentabilidade.

Você sabia que muitas comunidades, que antes viviam sofrendo com doenças provocadas por indústrias poluidoras instaladas em suas vizinhanças, viram sua qualidade de vida ser gradativamente recuperada e melhorada ao longo do desenvolvimento de projetos sustentáveis?

ATENÇÃO!

A exploração e a extração de recursos com mais eficiência e com a garantia da possibilidade de recuperação das áreas degradadas é a chave para que a sustentabilidade seja uma prática necessária.

As empresas devem preencher as necessidades humanas de recursos naturais e garantir a continuidade da biodiversidade local; além de garantir a qualidade de vida das comunidades que margeiam as áreas de extração dos recursos naturais.

Com base nos textos anteriores, você saberia dizer o que significa a palavra **progresso**?

Como progredir sem agredir a natureza?

Construção de estradas, indústrias, usinas, cidades, máquinas... muitas coisas boas que melhoram a nossa qualidade de vida. Mas tanto progresso nos faz pensar: o progresso traz consequências?

Será que estamos agindo corretamente com nosso planeta?

Vemos que atualmente o crescimento econômico tem gerado muitos desequilíbrios:

• de um lado, nunca houve tanta riqueza e fartura no mundo;

• de outro lado, a miséria, a degradação ambiental e a poluição que aumentam dia a dia.

Pensando sobre esses dois aspectos é que devemos optar pelo desenvolvimento sustentável, que supõe conciliar o desenvolvimento econômico com a preservação ambiental.

Como isso poderá ser possível?

Uma palavra é a chave e solução para isso. Descubra qual é a palavra seguindo os códigos das letras.

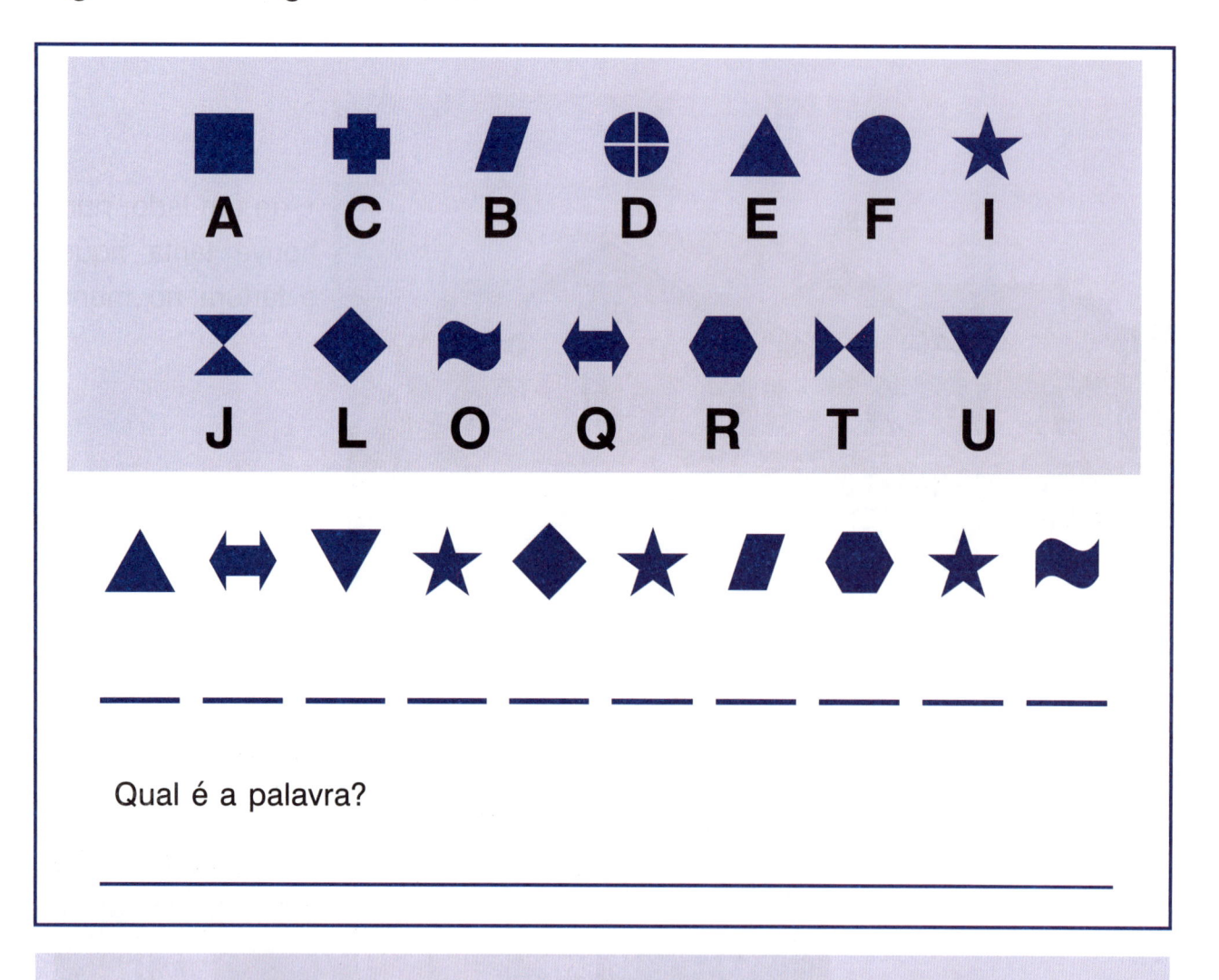

■	A
✚	C
▰	B
⊕	D
▲	E
●	F
★	I
⧖	J
◆	L
∼	O
↔	Q
⬢	R
⋈	T
▼	U

▲ ↔ ▼ ★ ◆ ★ ▰ ⬢ ★ ∼

_ _ _ _ _ _ _ _ _ _

Qual é a palavra?

EQUILIBRIO

Portanto, desenvolvimento sustentável pode ser definido como "equilíbrio entre tecnologia e ambiente, relevando-se os diversos grupos sociais de uma nação e também dos diferentes países na busca da equidade e justiça social".

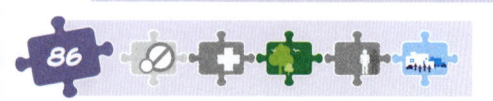

ATIVIDADE

Reúna-se com um colega para responder às seguintes questões:

1. O que significa **equidade** e **justiça social**?
Procure, no dicionário, o significado dessas palavras e registrem nas linhas a seguir, com suas palavras.

_____
_____
_____
_____

2. O desenvolvimento tem relação direta com a produção de riquezas, mas deveria, também, ter relação direta com a distribuição dessa riqueza e com a melhoria da qualidade de vida de todos. Citem exemplos de situações que mostram que o desenvolvimento não contribuiu para a melhoria da qualidade de vida das pessoas.

_____
_____
_____
_____
_____
_____

3. Leiam os exemplos que vocês escreveram para os demais colegas da turma e ouçam os deles. Discutam o que foi apresentado.

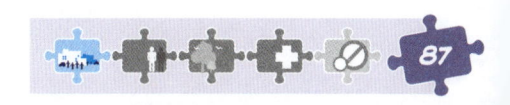

REFLETINDO — PARE, OLHE, PENSE...

Que futuro essas imagens anunciam?

O DETERGENTE E SUAS CONSEQUÊNCIAS

Rio Tietê poluído às margens da cidade de Pirapora do Bom Jesus, 2007.

A imagem acima mostra o rio Tietê na cidade de Pirapora do Bom Jesus, estado de São Paulo. Constantemente, esse trecho do rio apresenta espumas por excesso de detergente jogado pelas indústrias instaladas nos seus arredores.

Você sabia que quando utilizamos sabão — até mesmo para lavar louça —, esse produto vai para o sistema de esgotos e acaba nos lagos e rios?

Isso todos sabem, mas o que nem todos sabem é que esses produtos, quando não são biodegradáveis, acumulam-se nos rios, formando uma camada de espuma que impede a entrada do oxigênio na água e a penetração da luz; isso afeta diretamente os organismos aquáticos, principalmente as algas e, consequentemente, os peixes que se alimentam delas. Essa espuma pode, também, remover a camada oleosa que reveste as penas de algumas aves, impedindo que elas flutuem, por exemplo.

Já pensou sobre isso?

ATIVIDADE

1. Já existem produtos que não agridem a natureza, são os biodegradáveis. Procure um rótulo de produto biodegradável e cole-o no espaço a seguir. Analise o que diz a embalagem e comente com seus colegas.

Depois, busque saber mais sobre produtos biodegradáveis e produza um cartaz explicativo com as informações coletadas. Lembre-se de criar uma frase de impacto.

REFLETINDO

Vamos ampliar nossa reflexão.

CAMPANHA DE PREVENÇÃO E COMBATE ÀS QUEIMADAS URBANAS

QUEIMADAS: APAGUE ESSA IDEIA

PARAUAPEBAS NO COMBATE AO AQUECIMENTO GLOBAL

NÃO QUEIME GALHADAS, CAPIM, LIXO DOMÉSTICO E NEM FAÇA CAIEIRAS!

Denuncie!
3346-1456 (SEMMA)
3356-4020 (Corpo de Bombeiros)
Disk Denúncia: 3346-2250

Secretaria Municipal de Meio Ambiente

Mesmo sabendo que as queimadas destroem o que há de bom no solo, prejudicam a respiração e espantam animais dos locais atingidos, o homem continua a fazer uso dessa prática nas matas e lavouras.

As queimadas, além de um problema ecológico, podem se tornar também um problema social.

Os produtores devem ser informados de que, após a queimada, pode-se ter um ou dois anos de boa produtividade — pois há a concentração de um nutriente importante para a plantação, o fósforo —, mas, nos anos seguintes, o solo vai ficando pobre de nutrientes e, consequentemente, não servirá mais para o plantio.

Os agricultores usam o fogo para a limpeza da área onde irão semear, e os pecuaristas, para a renovação das pastagens.

Leia os quadrinhos a seguir. O último é por sua conta. Você cria o final.

O solo fica fraco, perde quase todos os seres microscópicos e a sua regeneração pode demorar anos.

Com as chuvas virá também a erosão, pois, estando a terra descoberta pela vegetação, grande quantidade de sedimentos será despejado nos rios e nos riachos, assoreando-os.

As queimadas são as maiores causadoras do aquecimento global e do El Niño, devido à emissão de quantidades enormes de dióxido de carbono, monóxido de carbono e óxido de nitrogênio na atmosfera.

Devido a tudo isso, ocorre o efeito estufa e o clima no planeta Terra sofre alterações. Em algumas regiões, as secas podem ficar ainda mais severas.

Com a ocorrência de queimadas, além da flora consumida pelo fogo, grande quantidade de seres vivos morrem: lagartos, cobras e roedores, ninhos de pássaros são destruídos, etc.

No cultivo da cana-de-açúcar, usava-se bastante o fogo dias antes do corte, pois facilitava em muito o trabalho. Com o avanço das máquinas, essa técnica ficou ultrapassada e, em breve, não haverá mais queima em canaviais.

E então, vamos diminuir as queimadas desnecessárias?

DESMATAMENTO

Desflorestamento ou **desmatamento** é o processo de destruição das florestas pela ação do homem, geralmente para a exploração de madeira, abertura de áreas para a agricultura ou pastagens para o gado. A queimada ilegal é o processo mais utilizado para o desflorestamento.

Sabemos que o processo de desflorestamento ocorre há milhares de anos e, em algumas regiões do mundo, florestas inteiras foram destruídas.

O desmatamento gera renda para poucos, mas causa perda de biodiversidade e danos irreparáveis ao ecossistema durante muitos anos, ou de forma definitiva, o que afeta um número muito maior de pessoas.

Os noticiários do mundo todo apresentam uma dura realidade:

> **A Floresta Amazônica está sendo dizimada a cada dia que passa.**

Temos visto áreas enormes de floresta que são colocadas abaixo e queimadas sendo feitas para a extração de madeira e criação de gado, principalmente. Por isso, organismos nacionais e internacionais têm aumentado o controle sobre as florestas por meio de policiamento florestal, fiscalização por satélites e, ainda, incentivando denúncias.

Observe essa imagem:

Devido ao tamanho da área da mais importante floresta do Planeta, vemos que, muitas vezes, o "socorro" a ela chega tarde. Multas são aplicadas, prisões efetuadas, cargas apreendidas, porém, não são suficientes para pôr fim a esses atos.

Devido às alterações climáticas que causa no Planeta, a Floresta Amazônica vem sendo chamada de **"o condicionador de ar do mundo"**.

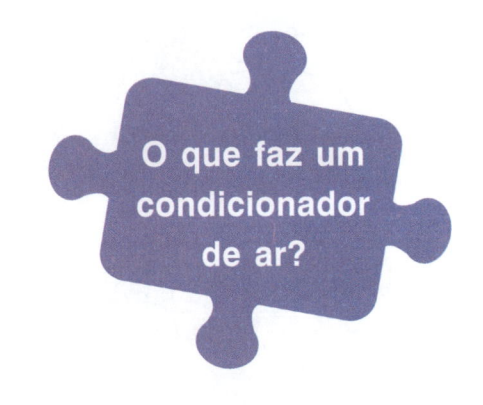

O que faz um condicionador de ar?

Discuta com seus colegas sobre o papel de um condicionador de ar e de como a floresta poderá agir dessa forma para melhoria do ar mundial. Faça a relação entre a Floresta Amazônica e um condicionador de ar e registre suas conclusões.

_____
_____
_____
_____
_____
_____

Mas, acima de tudo, a importância da Amazônia está o de ser uma região que guarda inúmeros povos indígenas e uma riquíssima fonte de matéria-prima (alimentares, florestais, medicinais, energéticas e minerais).

Portanto, a Floresta Amazônica possui grande importância para a estabilidade ambiental do Planeta.

Acompanhe esses dados:

- nela encontram-se uma centena de trilhões de toneladas de carbono;

- sua massa vegetal libera aproximadamente sete trilhões de toneladas de água anualmente para a atmosfera, via evapotranspiração;

- seus rios descarregam cerca de 20% de toda a água doce que é despejada nos oceanos pelos rios existentes no globo terrestre.

Disponível em:<http://www.amazonialegal.com.br/>. Acesso em: 28 jul. 2010.

CURIOSIDADES SOBRE A AMAZÔNIA

A grande bacia fluvial do Amazonas possui 1/5 da disponibilidade mundial de água doce e é recoberta pela maior floresta equatorial do mundo, correspondendo a 1/3 das reservas florestais da Terra.

O rio Amazonas começa no Peru. Quando entra no Brasil, recebe o nome de Solimões, passando a chamar-se Amazonas quando recebe as águas do rio Negro, no interior do estado do Amazonas.

Vista aérea do encontro das águas claras do rio Solimões com as águas escuras do rio Negro. Manaus / AM. 2009.

No período das chuvas, o rio chega a subir 16 metros acima de seu nível normal e inunda vastas extensões de planície, arrastando consigo terras e trechos da floresta. Sua largura média é de 12 quilômetros, mas chega a atingir mais de 60 quilômetros durante a época de cheia.

Influenciadas pela rede hídrica do Amazonas, as áreas alagadas formam uma bacia de inundação muito maior que muitos países da Europa juntos, conforme vemos na imagem.

Imagine que a Ilha de Marajó, na foz do Amazonas, é maior que a Suíça.

O rio Amazonas conta com mais de mil afluentes, é o maior e mais largo rio do mundo e o principal responsável pelo desenvolvimento da Floresta Amazônica. O volume de suas águas representa 20% de toda a água presente nos rios do Planeta.

A Amazônia Legal é uma área que foi legalizada com dispositivo de lei para que se tornasse planejada economicamente dentro dos padrões de sustentabilidade. Engloba os estados do Acre, Amazonas, Amapá, Pará, Rondônia, Roraima, Tocantins, Mato Grosso e parte do Maranhão.

ATIVIDADE

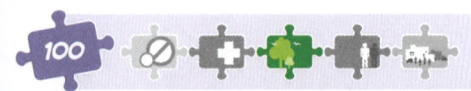

1. Observe o mapa a seguir e pinte a área da Amazônia Legal.

Amazônia Legal

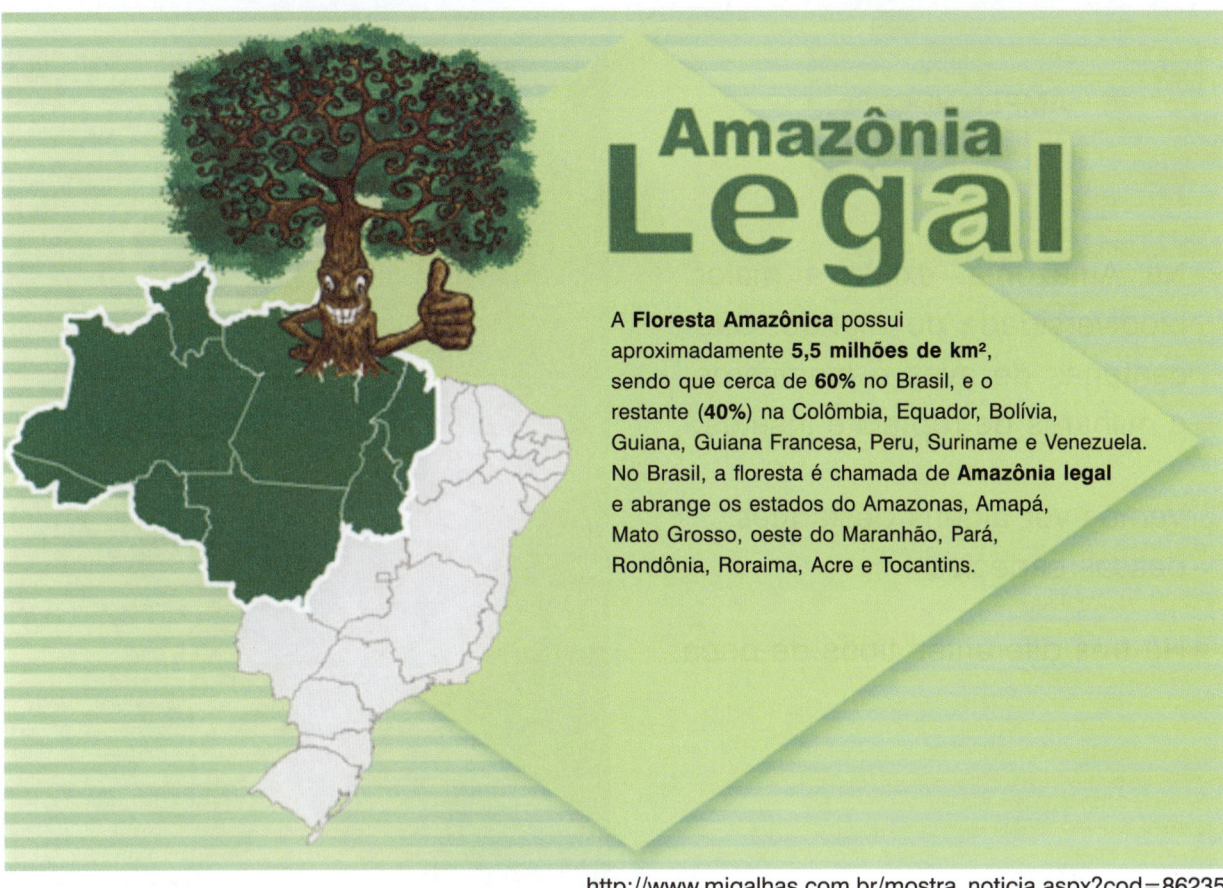

A **Floresta Amazônica** possui aproximadamente **5,5 milhões de km²**, sendo que cerca de **60%** no Brasil, e o restante (**40%**) na Colômbia, Equador, Bolívia, Guiana, Guiana Francesa, Peru, Suriname e Venezuela. No Brasil, a floresta é chamada de **Amazônia legal** e abrange os estados do Amazonas, Amapá, Mato Grosso, oeste do Maranhão, Pará, Rondônia, Roraima, Acre e Tocantins.

http://www.migalhas.com.br/mostra_noticia.aspx?cod=86235

2. Leia, no texto do cartaz, a frase que fala sobre a dimensão da Floresta Amazônica e copie-a.

_____
_____
_____
_____
_____
_____
_____
_____

AMPLIANDO CONHECIMENTOS

Na Amazônia, existe a maior biodiversidade do mundo. São centenas de aves e mamíferos e milhares de répteis e insetos.

Vamos ver alguns destaques dessas espécies.

• Há três diferentes tipos de onça:

a onça-pintada;

a onça-negra;

e a onça-parda ou onça-vermelha.

- O bicho-preguiça é um animal extremamente dócil. Você sabia que esse animal deve o seu nome ao fato de se mover com grande lentidão?

- Outra espécie encontrada é o tucano, uma das mais belas aves do mundo.

- O jacaré-açu, que é o maior jacaré encontrado no Brasil, pode atingir mais de 5 m de comprimento. O seu corpo é preto com faixas amarelas.

- A anta — o maior dos 296 mamíferos da Amazônia, podendo chegar a pesar 300 kg — é um animal noturno e se alimenta principalmente de frutos, folhas e grama.

ATIVIDADE

Vamos colorir a imagem que mostra a grande biodiversidade da região amazônica? Procure identificar os nomes das espécies que aparecem na imagem.

Quando conhecemos melhor as riquezas naturais dos ambientes terrestres, devemos lembrar que a natureza tem também seus direitos e, dentre eles, os fundamentais são:

Todos os seres vivos têm direito ao ar puro e ao Sol como fonte de luz e calor.

A vegetação deve estar livre do fogo destruidor.

A fauna e a flora devem ser protegidas de produtos químicos que possam afetar seu equilíbrio.

O solo deve ser protegido contra a erosão e explorado de acordo com as suas potencialidades.

As aves devem ter direito de voar, de construir seus ninhos, de criar seus filhotes e de ter seu alimento natural.

Todas as árvores existentes no Planeta devem ter o direito de viver.

Todo animal deve estar protegido, tendo os mesmos direitos do homem perante a existência, a liberdade e o respeito.

A natureza não pode correr o risco de ser destruída pela ação de resíduos radioativos. Como forma viva, deve ser respeitada e preservada.

As obras de engenharia devem ser compatíveis com a natureza.

A natureza deve dispor de locais protegidos para manter exemplares representativos de sua diversidade de formas.

Os recursos naturais devem ser utilizados racionalmente.

Todos os seres devem ter direito a viver integrados ao seu meio ambiente, dispondo de água em quantidade e qualidade suficientes.

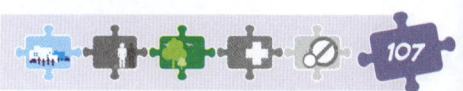

ATIVIDADE

1. Com base nos direitos da natureza destacados acima, quais os sentimentos e atitudes que devemos desenvolver em cada indivíduo de forma a garantir o respeito, o convívio sustentável e sua consciência ecológica?

_____
_____
_____
_____
_____
_____
_____
_____

2. Com base no que você aprendeu sobre direitos e direitos da natureza, escreva três deles que você considera importante destacar.

1.

2.

3.

UNIDADE 5 — CONHECER X CONHECIMENTO

"SÃO CARACTERÍSTICAS DO SER HUMANO: O PENSAR, O SENTIR, O PROBLEMATIZAR E O AGIR E, ASSIM, PRODUZIR CONHECIMENTO."

1. O homem pode produzir conhecimento por meio dos saberes sobre a vida, e esse conhecimento, resultado da relação do homem com o mundo, é chamado de saber empírico, isto é, aquele que se adquire no dia a dia.

Ele se constrói por meio de tentativas e erros num agrupamento de ideias, e se caracteriza como uma forma espontânea e direta de entendermos as coisas do mundo. É o conhecimento do senso comum.

Vimos anteriormente que os povos indígenas brasileiros dominavam um vasto conhecimento empírico em vários segmentos.

Os antigos tupinambás tinham noções meteorológicas, pelas quais podiam prever as chuvas e as grandes marés, com base na observação, principalmente, da Lua.

Esses povos também dominavam conhecimentos associados ao Sol, às estrelas, aos planetas, às constelações, entre outros astros.

ECKHOUT, Albert. **Homem Tupinambá**.1643. Óleo sobre tela, 267 cm X 159 cm. Museu Nacional da Dinamarca, Copenhague (Dinamarca).

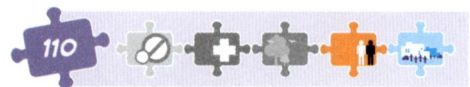

O fato de observarem atentamente as fases da Lua fez com que adquirissem um grande conhecimento astronômico.

Eles conheciam as relações entre os seres vivos e o meio ambiente, os hábitos dos animais e os locais que frequentavam, as trilhas que percorriam e a época de amadurecimento dos frutos que lhes serviam de alimento. Acumularam, também, saberes sobre a propriedade medicinal dos vegetais.

Existem depoimentos de missionários jesuítas relatando que os tupinambás eram alegres, apaixonados pela música e pela dança. Pintavam o corpo e enfeitavam-se com colares feitos de conchas marinhas, penas coloridas de aves e outros produtos.

Todas essas atividades só podiam ser realizadas porque os povos tupis dominavam um vasto campo de conhecimentos.

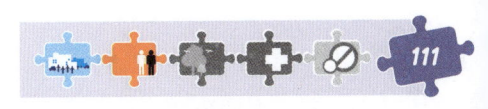

ATIVIDADE

1. O que você conclui sobre o que é **conhecimento empírico**?

_____
_____
_____
_____
_____
_____

2. Você já ouviu um provérbio que diz: **"Lua deitada, marinheiro em pé"**? Dizem os antigos que quando a Lua se apresenta deitada, em forma de canoa, é sinal de bom tempo.

E você, conhece alguma pista para fazer previsão de tempo?

O que dizem onde você mora? Não vale ouvir a previsão do serviço de meteorologia! Registre:

Sinais de bom tempo:

_____
_____
_____

Sinais de chuva:

_____
_____
_____
_____

O **conhecimento mítico** ajuda o ser humano a "explicar" o mundo por meio de representações que não são logicamente raciocinadas, nem resultantes de experimentações científicas.

Esse conhecimento, por meio de uma linguagem simbólica e imaginária, justifica a existência e atribui sentido às coisas por meio de seres fantásticos e sobrenaturais, que seriam os responsáveis pela razão dos acontecimentos.

Leia a lenda indígena sobre a origem do milho.

Há muitos anos havia uma grande tribo cujo chefe era um velho índio. Era um índio muito bom e que estava sempre preocupado com a felicidade da sua tribo.

Um dia, sentindo-se muito cansado e doente, pressentindo que estava para morrer, chamou os seus filhos e disse-lhes que quando morresse queria ser enterrado no meio da oca. E disse-lhes mais:

— Três dias depois de me enterrarem, surgirá de minha cova uma planta bem viçosa, que depois de algum tempo produzirá muitas sementes. Quando virem a planta crescer e lindas espigas aparecerem, não comam nem uma, guardem as sementes para plantar.

Os dias se passaram, o velho índio morreu e os filhos fizeram-lhe tal qual o pai ordenara.

E como o velho índio dissera, surgiu de sua cova uma linda planta com belas espigas cheias de grãos dourados.

Os índios ficaram contentes, a tribo enriqueceu e passaram então a cultivar o milho com muito carinho.

E assim surgiu o milho, diz a lenda.

Disponível em: <http://www.smec.salvador.ba.gov.br/net/piraja/LENDAS.htm>. Acesso em: 30 jul. 2010.

ATIVIDADE

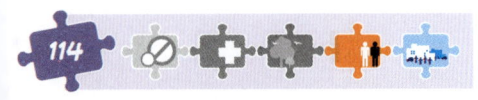

Você percebeu como os indígenas resolveram e explicaram o surgimento do milho? Conte com suas palavras.

_____
_____
_____
_____
_____
_____
_____
_____

Seu professor irá relatar outras histórias que trazem exemplos de conhecimento fruto de mitos ou lendas para você trabalhar em sala de aula. Depois de conhecer algumas dessas histórias, escolha uma e represente-a, por meio de desenho.

Existe também um conhecimento que vem da crença que temos com base em nossa fé, que é chamado de **conhecimento religioso**. Ele parte da compreensão e da aceitação da existência de um deus ou de deuses, os quais constituem a razão de ser de todas as coisas.

Alguns exemplos de conhecimento religioso estão contidos nas Sagradas Escrituras. Para os cristãos, ele está contido na Bíblia, na palavra de Deus; para os islamitas, no Alcorão, o Torá para os judeus, entre outros.

ATIVIDADE

Pense, e depois registre no espaço a seguir, sobre qual o conhecimento que você possui que tem origem na sua crença ou religião?

_____
_____
_____
_____
_____
_____

É importante também conhecermos e entendermos o conhecimento que tem origem na busca da verdade e que é chamado de **conhecimento filosófico**.

É muito importante desenvolvermos esse conhecimento e, assim, buscarmos os "porquês" de tudo o que existe, como por exemplo:

- Quem é o homem?
- De onde ele veio?
- Para onde ele vai?
- Qual é o valor da vida humana?
- O que é o tempo?
- O que é o sentido da vida?

O conhecimento filosófico é, portanto, fruto do raciocínio e da reflexão humana.

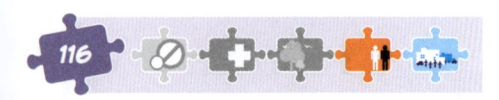

ATIVIDADE

Reflita e encontre uma explicação para a existência da fome e pobreza no mundo. Vamos pensar sobre esses dois temas e listar suas causas principais nas linhas a seguir.

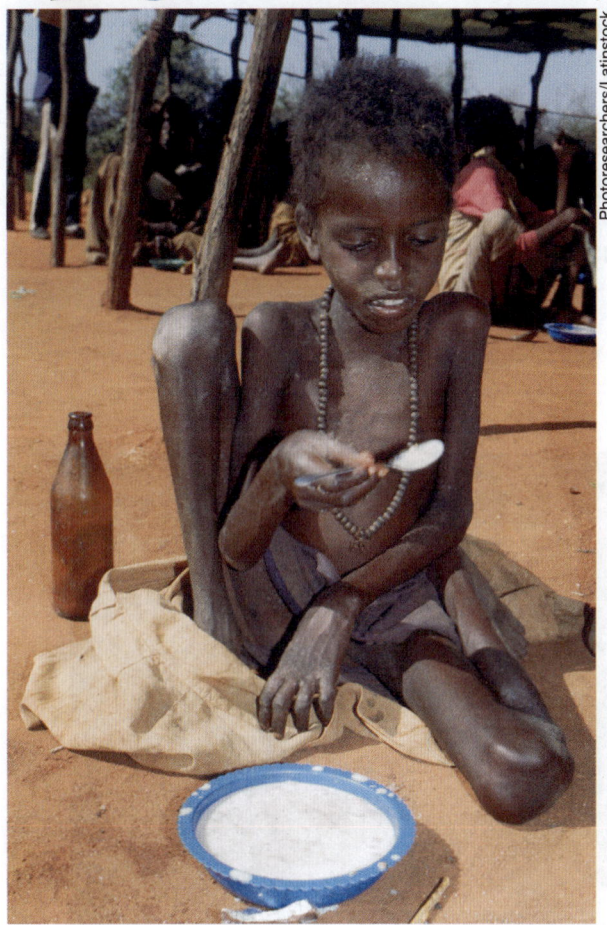

... E haverá o dia em que na mesa de todos haverá pão!

E nesse dia, o sol brilhará com mais força!

Será que esse dia está longe?

Qual é a mensagem escrita no cartaz que leva a refletir sobre o problema?

_____
_____
_____
_____
_____

Mas é o **conhecimento científico** a modalidade de conhecimento racional, sistemático, exato e verificável da realidade.

A origem desse conhecimento está nos procedimentos de verificação, baseados na metodologia científica, isto é, obtido por meio:

- da investigação da realidade;
- de experimentos;
- da busca do entendimento lógico de fatos, fenômenos, relações, coisas, seres e acontecimentos.

Albert Einstein, um famoso cientista, elaborou e descobriu muitas coisas importantes por meio de estudos científicos.

PESQUISANDO

Pesquise em livros, revistas ou internet, por que Albert Einstein é considerado um importante cientista.

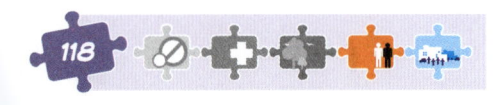

DESCOBRINDO OS TIPOS DE CONHECIMENTO

1. A chave está emperrando na fechadura e, de tanto experimentarmos abrir a porta, acabamos por descobrir (conhecer) um jeitinho de girar a chave sem emperrar. Nesse exemplo é usado o conhecimento:

2. Quando acreditamos que uma pessoa foi curada de uma doença por meio de um milagre; ou que duendes existem; ou que espíritos de luz nos ajudam e protegem, estamos utilizando um conhecimento:

3. O cientista que descobre uma vacina que evita ou previne uma doença ou descobre como se dá a respiração nos batráquios está utilizando o conhecimento:

4. Quando pensamos sobre os problemas que ocorrem no mundo e buscamos soluções para os problemas sociais, econômicos e políticos, estamos utilizando o conhecimento:

FAZENDO ESCOLHAS

Paulo está no quinto ano e tem um amigo, o Bruno, que está no sétimo ano. Bruno tentou fazer com que Paulo fumasse um cigarro em sua companhia; ele disse que todos os garotos de sua idade fumavam. Paulo ficou pensando se isso era verdade mesmo.

Pense e reflita...

De que forma Paulo pode buscar resposta para dar ao seu amigo sobre a verdade daquela informação?

FATOS SOBRE O CIGARRO

- Fumar causa problemas respiratórios, pois os fumantes contraem mais resfriados e problemas das vias aéreas superiores.
- Fumar causa doenças cardíacas.
- O fumo é a causa mais comum de câncer de pulmão, entre outros tipos.
- O cigarro afeta o desenvolvimento do corpo.
- Há mais de 4 700 substâncias tóxicas na fumaça do cigarro.
- Cigarros contêm nicotina, uma substância nociva, poderosa, que causa dependência.
- O fumo é uma das principais causas de morte.

VOCÊ SABIA...

Que mais de 200 000 pessoas morrem de causas relacionadas ao cigarro a cada ano, em nosso país?
E que a maioria delas começou a fumar antes dos 18 anos?

Atualmente, é obrigatório apresentar uma advertência no rótulo das embalagens de cigarro. Observe algumas e crie mais duas.

O MINISTÉRIO DA SAÚDE ADVERTE:	O MINISTÉRIO DA SAÚDE ADVERTE:
Fumar causa doença vascular que pode levar à amputação.	Fumar causa câncer de laringe.
O MINISTÉRIO DA SAÚDE ADVERTE:	**O MINISTÉRIO DA SAÚDE ADVERTE:**
Em gestantes, o uso do tabaco provoca partos prematuros e o nascimento de crianças abaixo do peso normal.	Fumar causa câncer de pulmão.
O MINISTÉRIO DA SAÚDE ADVERTE:	**O MINISTÉRIO DA SAÚDE ADVERTE:**

Além do monóxido de carbono, que diminui a quantidade de oxigênio no sangue, há também outras substâncias muito prejudiciais à saúde:

Nicotina: considerada droga pela OMS, causa dependência e atua ao nível do sistema nervoso central; diminui a chegada do sangue aos tecidos.

Alcatrão: é altamente cancerígeno, dá início à formação de tumores.

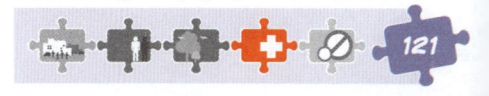

REFLETINDO — Será que depois de saber disso, você ainda terá coragem de fazer uso de cigarro?

Observe o cartaz a seguir.

E tem gente que diz que o cigarro não é droga

ADESF

- Contém TEREBINTINA, que dilui tinta óleo
- Contém FORMOL, conservante de cadáver
- Contém ACETONA, removedor de esmalte
- Contém AMÔNIA, desinfetante para pisos, azulejos e privadas
- Contém NAFTALINA, eficiente mata-baratas
- Contém FÓSFORO P4/P6, usado em veneno para ratos

Cigarro faz mal até na propaganda

Do que nos alerta esse cartaz?

1. Você sabia que quando um cigarro é aceso, substâncias poluentes e danosas para a saúde são lançadas no ambiente?

2. Juntamente com seus colegas de sala, debatam sobre o sentido da frase destacada no cartaz anterior e registre as conclusões nas linhas a seguir.

_____
_____
_____
_____
_____

3. A charge ao lado, além de um alerta, faz uma comparação interessante. Vamos entender a mensagem e destacá-la, no quadro abaixo, de forma a alertar os fumantes sobre o uso do cigarro?

• Qual é a relação entre o cigarro e o que aparece na fumaça?
• Escreva uma frase destacando o sentido da charge.

http://aeiou.visaojunior.visao.pt/upload/Junior/n%C3%A3ofumar.jpg

FATOS SOBRE O USO DO ÁLCOOL

- O álcool deixa o cérebro e o corpo mais lentos.
- O álcool causa perda da coordenação, reflexos mais lentos, perda do autocontrole, perda dos critérios de julgamento, lapsos de memória, fala arrastada.
- O álcool em excesso pode deixar o corpo mais lento e levar ao coma e à morte.
- O álcool vai diretamente à corrente sanguínea e pode aumentar o risco de a pessoa contrair uma série de doenças.
- O álcool pode causar dano a todos os órgãos do corpo.
- O álcool é ilegal para menores de 18 anos.

E anote essa informação:

Se estiver com pessoas que estão bebendo, o risco de acidentes será grande.

A ingestão de álcool, mesmo em pequenas quantidades, diminui a coordenação motora e os reflexos, comprometendo a capacidade de dirigir veículos ou operar outras máquinas.

Pesquisas revelam que grande parte dos acidentes são provocados por motoristas que haviam bebido antes de dirigir.

No Código Nacional de Trânsito, que vigora desde janeiro de 1998, diz que deverá ser penalizado todo o motorista que apresentar mais de 0,6 gramas de álcool por litro de sangue.

Você sabia que a quantidade de álcool necessária para atingir essa concentração no sangue é equivalente a beber cerca de 600 ml de cerveja (duas latas de cerveja ou três copos de chope), 200 ml de vinho (duas taças) ou 80 ml de destilados (duas doses).

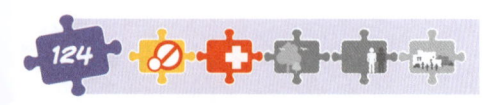

ATIVIDADE

1. Agora é com você. Descubra qual é a punição e complete o parágrafo.

Existe uma penalidade para o motorista que é apreendido com dosagem de álcool acima do permitido por lei. O Código Nacional de Trânsito, em seu artigo 165, diz: "(...)Dirigir sob a influência de álcool ou de qualquer outra substância psicoativa que determine dependência: Infração

2. Analise o cartaz a seguir, busque informações sobre o problema de álcool no trânsito e produza um cartaz para ser exposto em sala de aula.

O que significa a frase contida nesse cartaz:

"Se você beber e depois bater de carro, pode chamar de qualquer coisa, menos de acidente."

Do que pode ser chamado então?

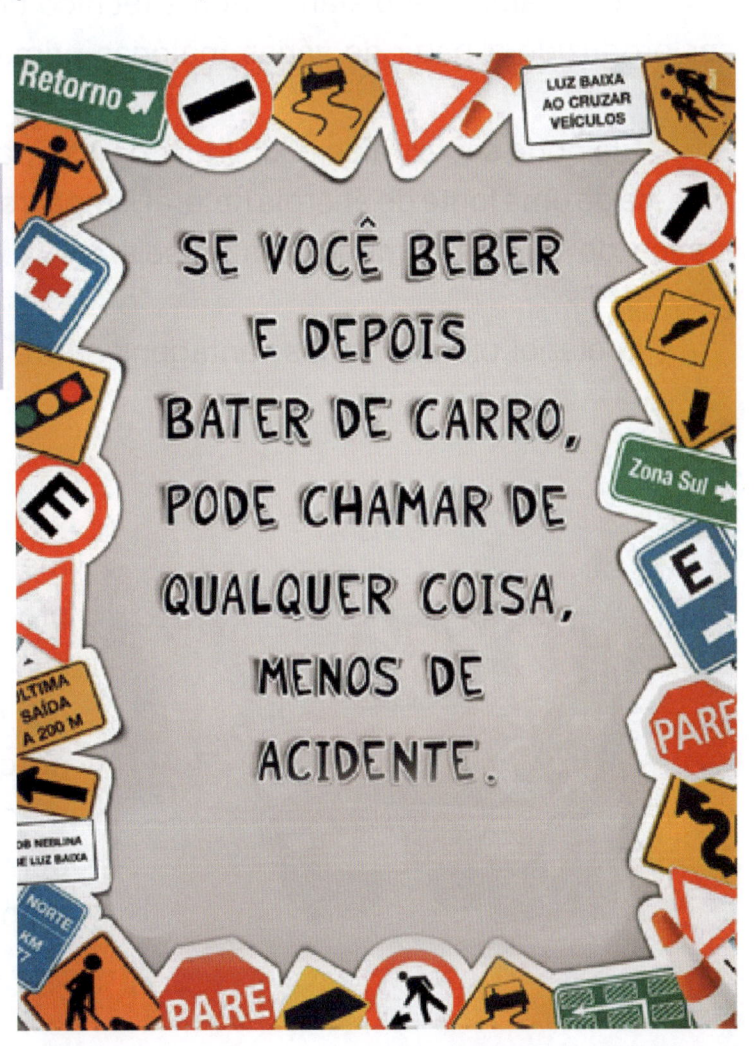

SE VOCÊ BEBER E DEPOIS BATER DE CARRO, PODE CHAMAR DE QUALQUER COISA, MENOS DE ACIDENTE.

Mas o álcool também tem seu lado produtivo!

Para saúde ele faz mal, mas para o ambiente pode gerar benefícios, como o uso do etanol, por exemplo.

Muitas emissões de gases do efeito estufa no mundo resultam de hábitos e ações individuais, como o uso de automóveis e o aquecimento de residências utilizando combustíveis fósseis.

Portanto, a redução das agressões ao meio ambiente passa necessariamente por uma mudança de atitude das pessoas, e uma dessas mudanças tem relação com o etanol da cana-de-açúcar, o mais bem-sucedido programa de combustível alternativo já desenvolvido no Planeta.

Você sabia que o etanol (nome técnico do álcool etílico combustível) pode ser produzido a partir de várias matérias-primas?

Ele pode ser extraído do milho, do trigo, da beterraba e da cana-de-açúcar, e trata-se de uma fonte de energia natural, limpa, renovável, sustentável e mais democrática do que os combustíveis fósseis.

O etanol oferece várias vantagens sobre a gasolina, o preço é uma delas.

Mesmo com um conteúdo energético menor, o etanol é geralmente mais vantajoso por ter um preço inferior ao da gasolina. Outra vantagem é que ele polui menos o ar do que os derivados do petróleo, porque é um combustível mais limpo (não contém certos poluentes, como o benzeno, que são prejudiciais à saúde e ao meio ambiente).

AMPLIANDO CONHECIMENTOS

Amplie seu conhecimento e reflita sobre as vantagens para a natureza do uso do etanol:

1. Cultivo e colheita
2. Crescimento
3. Processamento
4. Bioeletricidade
5. Transporte
6. Motor de automóveis

No ciclo completo, da emissão de CO_2 pelo etanol é **89% menor** que a gasolina.

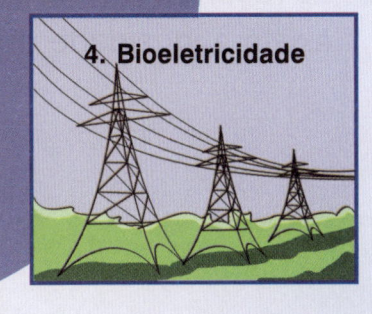

ATIVIDADE

Interprete a logomarca a seguir justificando o porquê do slogan: "Etanol: uma atitude inteligente".

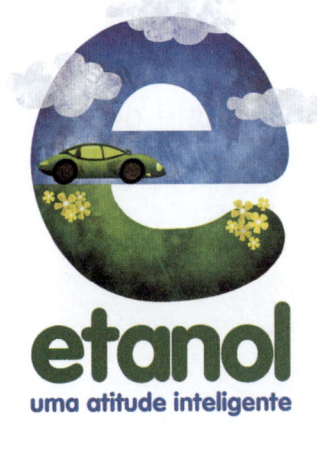

etanol
uma atitude inteligente

_____
_____
_____
_____
_____
_____

Muitos foram os conhecimentos adquiridos nesses livros!

Aprendemos que não existe um direito mais importante que o outro, pois para o pleno exercício da cidadania, é preciso a garantia do conjunto dos direitos humanos.

Cada cidadão deve ter garantido todos os direitos humanos, nem um deles deve ser esquecido.

Aprendemos que respeitar os direitos humanos é promover a vida em sociedade, sem discriminação de classe social, de cultura, de religião, de raça, de etnia, de orientação sexual e aprendi também que, para que exista a igualdade de direitos, é preciso respeito às diferenças.

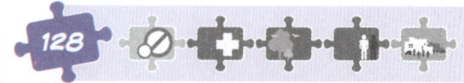